하누카
크리스천
라이프

언택트 시대, 혼자서도 할 수 있는 성경공부

하누카 크리스천 라이프

초판 1쇄 인쇄 2020년 11월 2일
초판 1쇄 발행 2020년 11월 9일

지은이 김한권

발행인 이성현
책임 편집 전상수

펴낸 곳 도서출판 두리반
주소 서울특별시 종로구 사직로 8길 34(내수동 72번지) 1104호
편집부 전화 (02)737-4742 | **팩스** (02)462-4742
이메일 duriban94@gmail.com

등록 2012. 07. 04 / 제 300-2012-133호
ISBN 979-11-88719-08-2 03230

※ 값은 뒤표지에 있습니다.

하누카
크리스천
라이프

김한권 지음

　미국에서 살 때, 유치원을 다니던 딸아이를 위해 집 앞뜰에 방울토마토 모종을 여러 개 사다 심은 적이 있었습니다. 그 모종을 선택한 이유는 캘리포니아 날씨에 가장 빠르고 쉽게 열매를 얻을 수 있었기 때문이었습니다. 얼마 안 가서 아주 작은 토마토들이 열리게 되었고, 딸아이는 학교에서 돌아오면 제일 먼저 토마토를 살펴보며 익은 것들을 따서 먹는 것을 굉장히 좋아했습니다.

　요한복음에서 예수님도 우리를 택하신 이유가 "열매를 맺게 하고, 또 열매가 항상 있게" 함이라고 하시면서 열매를 많이 맺으면 하나님께서 영광을 받으실 것이라고 하셨습니다. 목회를 하면서 그 햇수가 늘어나면 늘어날수록 하나님의 말씀을 전하는 목사인 저 자신도, 그리고 그 말씀을 듣고 살아가는 성도들도 어떻게 하면 열매를 맺는 삶을 더 풍성히 살아갈 수 있을까 고민은 더욱 깊어만 갑니다.

　예수님께서는 열매를 맺으려면 "내 안에 거하라remain in me"고 말씀하십니다(요 15:4). '거하다(메이나테)'는 한 번 내려진 결단을 계속적으로 이루어가는 것을 의미하는 말입니다. 우리는 참 포도나무이신 예수님께 연결될 때 열매를 맺는 가지가 될 수 있습니다. 예수님은 길이요, 진리요, 생명이라고 말씀하셨습니다. 참 포도나무이신 예수님만이 구원의 유일한 길The Way이며, 구원의 길을 알게 하는 유일한 진리The Truth이며, 영원한 생명을 주시는 생명의 근원The Life입니다. 그렇기에 예수님의 말씀을 통해서 우리는 날마다 예수님 안에 거하는 삶을 살아갈 수 있고, 열매를 맺는 신앙이 될 수 있습니다.

《하누카 크리스천 라이프》는 성도들과 나누었던 신약의 말씀들 가운데 9가지를 주제별로 구분해서 엮은 책입니다(1. 거룩한 삶을 위한 출발, 2. 인생을 바꾼 열정, 3. 기적을 낳는 순종, 4. 삶의 방향을 바꾼 만남, 5. 절망을 벗는 믿음, 6. 변화를 알리는 메시지, 7. 하나님의 영광을 위한 목적, 8. 불가능을 가능케 한 헌신, 9. 부활에 대한 확신). 이 내용들을 또한

‘문제 제기’, ‘본문 연구’, ‘적용’, ‘결단’으로 나누어 4단계의 ‘말씀 깊이 읽기’ 부분을 만들어서 자세한 해설과 설명을 첨부해 성경을 각자가 더 깊게 연구할 수 있도록 했습니다. 주님의 말씀이 내 삶의 한 가운데 들어오고 내 삶이 주님의 말씀에 따라 살아갈 때 그 삶은 열매를 맺게 되며, 하나님이 영광 받으시는 삶이 될 것입니다.

책의 제목이기도 한 ‘하누카’는 주전 2세기 유대인들이 시리아의 통치를 받고 있던 당시에 마카비 가문의 유다가 이끄는 선봉군이 예루살렘을 탈환하고 안티오쿠스 4세에 의해 더럽혀진 예루살렘 성전을 정화하고 복원해 전통적인 예배를 하나님께 드리게 되면서 생겨난 절기입니다. 요한복음 10장 22절에는 수전절(修殿節)로 번역했습니다.

시인 김춘수는 1955년 9월 《현대문학》에 〈꽃〉이라는 시를 발표했습니다. 그의 시에는 "내가 그의 이름을 불러주기 전에는, 그는 다만 하나의 몸짓에 지나지 않았다. 내가 그의 이름을 불러주었을 때 그는 나에게로 와서 꽃이 되었다"라는 표현이 있습니다. '하나의 몸짓'이라는 무의미에서 '하나의 의미'가 되는 '꽃'으로의 관계를 '불러줌'이라는 것으로 노래한 시인처럼 사도 바울도 하나님이 우리를 부르신 부름에 합당하게 살아야 한다고 말했습니다. '합당하게'는 '같은 가치', '같은 무게'라는 뜻입니다. 하나님의 거룩한 부르심과 '같은 무게', '같은 가치'로 우리의 삶을 살아가는 것이 그리스도인의 삶이 되어야 한다면, 그 삶의 중심에는 주님의 말씀이 분명하게 자리해야 할 것입니다. 아무쪼록 이 책이 하나님의 부르심에 합당하게 살아가는 삶이 되도록 독자들에게 작은 도움을 줄 수 있기를 기도합니다.

흑석동에서
김한권 목사

차례

1장

거룩한
삶을 위한
출발

1. 무리가 몰려와서 하나님의 말씀을 들을새 예수는 게네사렛 호숫가에 서서 2. 호숫가에 배 두 척이 있는 것을 보시니 어부들은 배에서 나와서 그물을 씻는지라 3. 예수께서 한 배에 오르시니 그 배는 시몬의 배라 육지에서 조금 떼기를 청하시고 앉으사 배에서 무리를 가르치시더니 4. 말씀을 마치시고 시몬에게 이르시되 깊은 데로 가서 그물을 내려 고기를 잡으라 5. 시몬이 대답하여 이르되 선생님 우리들이 밤이 새도록 수고하였으되 잡은 것이 없지마는 말씀에 의지하여 내가 그물을 내리리이다 하고 6. 그렇게 하니 고기를 잡은 것이 심히 많아 그물이 찢어지는지라 7. 이에 다른 배에 있는 동무들에게 손짓하여 와서 도와 달라 하니 그들이 와서 두 배에 채우매 잠기게 되었더라 8. 시몬 베드로가 이를 보고 예수의 무릎 아래에 엎드려 이르되 주여 나를 떠나소서 나는 죄인이로소이다 하니 9. 이는 자기 및 자기와 함께 있는 모든 사람이 고기 잡힌 것으로 말미암아 놀라고 10. 세베대의 아들로서 시몬의 동업자인 야고보와 요한도 놀랐음이라 예수께서 시몬에게 이르시되 무서워하지 말라 이제 후로는 네가 사람을 취하리라 하시니 11. 그들이 배들을 육지에 대고 모든 것을 버려 두고 예수를 따르니라(눅 5:1~11).

제임스 1세와 좀도둑 암스트롱

영국의 왕 제임스 1세James I는 아주 독실한 크리스천이었다. 그는 43세에 로버트 그레이엄Robert Graham에 의해 암살되는 바람에 왕으로서 많은 일을 하지는 못했지만, 그 어느 왕과도 비교할 수 없는 가장 큰 업적을 이루었다. 바로 '킹 제임스 버전King James Version'이라고 불리는 흠정역 성경을 번역한 것이다. 하나님의 말씀을 중요하게 생각했던 제임스 1세는 나라도 엄정하게 다스렸다. 그러다 보니 작은 범죄도 엄하게 처벌했다.

한번은 암스트롱이라는 좀도둑이 양을 훔치다 붙잡혔는데, 그 죄로 말미암아 사형을 선고받았다. 이때 암스트롱은 고민하면서 한 가지 묘안을 짜냈다. 죽기 전에 마지막으로 성경을 읽고 싶으니 왕께 말씀드려서 감옥 속에서 성경을 읽을 수 있도록 해달라고 한 것이다. 그 말을 전해 들은 제임스 1세는 암스트롱을 기특하게 여겨 그에게 성경을 읽도록 했으며, 그가 성경을 다 읽을 때까지 사형 집행을 연기해주었다. 그날부터 암스트롱은 성경을 읽기 시작했다.

그런데 1년이 지나도 암스트롱의 사형을 집행할 수가 없었다. 그가 하루에 딱 한 절씩만 성경을 읽었기 때문이다. 결국 제임스 1세는 그를 풀어주며 "성경을 읽으면서 그 말씀대로 살라"고 명령을 내렸고, 암스트롱은 그 후에 말씀을 통해 새사람이 되어 많은 봉사를 하며 살았다.

환경보다 중요한 것은 말씀이다

우리는 주일이 되면 차를 타고 교회에 온다. 여름에는 시원한 에어컨 아래서, 겨울에는 따뜻한 난방기 아래서 예배를 드리고 말씀을 듣는다. 하지만 누가복음 5장에서 예수님의 말씀을 듣는 사람들은 일상이 시작되는 이른 아침부터 몰려와서, 호숫가 근처에서 말씀을 듣고 있다. 장소나, 환경의 여건이 여의치 않지만 아랑곳하지 않고 말씀을 사모해 모인 것이다.

우리에게 정말 중요한 것은 말씀에 대한 태도, 말씀에 대한 자세다. 물론 말씀을 어디서 듣느냐, 어느 자리에서 듣느냐, 어느 때에 듣느냐도 중요하지만 장소나 공간이 말씀보다 우선할 순 없다. 하나님의 말씀을 듣는 데에는 호숫가라도 상관이 없었다.

1970~1980년대 우리나라의 교회 역시 시설이 좋지 않았다. 마룻바닥에 무릎을 꿇고 모여 앉아 예배를 드리고 말씀을 들었다. 시원한

에어컨도, 따뜻한 난방 시설도 없이 그렇게 예배를 드렸다.

　어느 목사님은 중국을 다녀오면 힘이 난다고 이야기한다. 중국에 있는 성도들을 보면 말씀을 갈급해서 사람들이 모이는데, 기차를 타고 며칠 전부터 오는 사람도 있고, 하루 종일 걸어서 교회를 찾아오는 사람도 있는데 몇 날 며칠 집에도 안 가고 그 자리에 앉아서 말씀을 듣는다고 한다. 그들의 초롱초롱한 눈동자와 하나라도 놓치지 않고 말씀을 들으려는 모습을 보면 예전의 한국 교회 모습이 떠오르기 때문에, 도전이 되고 힘이 난다는 것이다.

　우리는 삶에서 말씀을 가장 우선순위에 두어야 한다. 물론 하나님께 좋은 성전을 봉헌하는 것도 좋고, 좋은 환경에서 예배드리는 것도 좋다. 그러나 그것보다 더욱 중요하면서도 본질적인 것은 말씀이다. 말씀이 빠지면 아무 소용이 없다. 말씀이 바탕이 되면 교회는 건물이 모두 부서져도, (초대교회 신자들처럼) 지하 무덤에서 예배를 드려도, 비를 막아줄 천정이 없어도 사람은 모이게 된다.

말씀에 의지하는 삶

　누가복음 5장을 보면, 어떤 말씀인지 그 내용은 기록되어 있지 않았지만 많은 무리들이 예수님이 전하시는 하나님의 말씀을 들었다. 그리고 한편에는 어부들이 그물을 씻고 있었다. 그 어부들 가운데 우리가 잘 아는 베드로도 있었다. 성경은 분명히 "어부들은 그물을 씻고 있었고 무리들은 예수님을 둘러싸고 말씀을 들었다"라고 이야기하고 있다. 그런데 예수님께서는 말씀을 다 마치시고 난 다음에 시몬 베드로에게 이렇게 말씀을 하셨다. "깊은 데로 가서 그물을 내려 고기를 잡으라."

밤새도록 그물을 내렸으나 물고기를 잡을 수 없었던 시몬은 "우리들이 밤이 새도록 수고하였으되 잡은 것이 없지마는 말씀에 의지하여 내가 그물을 내리리이다"(5절)라고 대답을 했다.

여기서 나타는 '말씀'이라는 단어가 '레마'다. 많은 무리들을 가르쳤던 '로고스'의 말씀이 아니라 그 말씀 가운데 "오늘 나에게 주시는 말씀, 그것을 내가 붙잡겠습니다. 그 말씀에 의지하여 내가 한번 해보겠습니다"라고 고백한 것이다.

성경에는 '의지하여'라고 번역되어 있는 단어는 동사가 아니라 전치사 '에피επι'다. '에피'는 '무엇 위에'라는 뜻으로, 정확하게 번역하면 '무엇에 기초하여', '무엇에 근거하여under basis of'라고 할 수 있다. 다시 말하면 '말씀에 근거하여, 말씀에 기초하여'라는 뜻이다. 베드로는 예수님이 지금 자기에게 하신 바로 그 말씀에 근거해서 그물을 내리겠다는 말이다.

그리스도인은 말씀에 의지해 살아야 한다. 말씀을 근거로 삼고 도전하는 그런 믿음을 갖는 그리스도인이 되어야 한다. 지금까지는 계속 실패했어도, 어젯밤 아무것도 잡지 못했어도, 아무것도 건지지 못

누가복음 5장 1~11절의 말씀을 보면, '말씀'이라는 단어가 세 번 나온다. 번역상으로는 똑같은 '말씀'이지만 원서에서는 세 단어가 모두 다르다. 그리고 각각의 단어마다 의미가 조금씩 다르게 적용된다. 1절에서 나오는 "하나님의 말씀을 들을새"에서의 말씀은 '로고스'다. 일반적으로 하나님의 말씀을 통틀어 일컫는 단어다. 그리고 4절 "말씀을 마치시고"에서의 말씀은 '랄레오' 즉, '말을 끝내다'라는 의미의 일상적인 단어다. 그리고 마지막으로 5절에서 "말씀에 의지하여"에서의 말씀은 '레마'다. 레마는 하나님의 말씀(로고스) 중에서 특별히 나에게 주시는, 나에게 의미가 되는 말씀을 가리킨다.

한 인생이었어도 하나님이 오늘 나에게 레마의 말씀을 주셨다면 그 말씀을 근거와 기준으로 내가 해보겠다는 믿음과 결단이 우리에게 있어야 한다.

말씀을 따르기 위해 넘어야 할 네 가지 조건

하지만 말씀에 의지해서 행동하는 것은 쉬운 일이 아니다. 예수님이 베드로에게 지시하신 것이 "깊은 데로 가서 그물을 던져 물고기를 잡아라"였다. 베드로가 이 말씀을 따르려면 몇 가지 넘어야 할 산이 있다.

첫째는 전문성이다. 예수님의 직업은 목수였고, 베드로의 직업은 어부였다. 이는 목수가 평생 물고기를 잡아온 어부에게 물고기를 잡는 데 훈수를 두는 격이다. 전문가가 아닌 사람이 그 분야의 전문가에게 이렇게 해봐라, 저렇게 해봐라 한다면 과연 누가 그 말을 따를 수 있을까? 하지만 베드로는 예수님의 말씀을 비전문가의 이야기라고 무시하지 않고, 곧바로 순종했다.

말씀을 의지한다는 것은 바로 이와 같다. 내가 아무리 전문가라 해도, 내 경험이 남들보다 많다고 해도, 아무리 많이 배웠다 해도 하나님이 말씀하시면 내 방법과 생각을 내려놓을 수 있는 것. 그것이 말씀에 의지하는 삶이다.

과학적인 근거가 있어야 말씀을 믿겠다고 한다면, 그는 평생 하나님을 믿을 수 없다. 어떻게 홍해 바다가 갈라지고, 여리고 성이 함성에 무너지고, 사람이 죽었다가 살아날 수 있는가. 과학적 논리, 세상의 지식, 나의 상식을 내려놓을 때 예수님을 믿을 수 있게 되고, 말씀에 의지하는 삶으로 변화될 수 있다.

둘째는 육신적인 상황이다. 베드로는 밤이 새도록 한숨도 못 자고 고기를 잡다 왔다. 그런데 예수님은 그런 베드로에게 다시 가서 그물을 던지라고 말씀하셨다. 베드로는 육체적으로 무척 힘들고 고된 상황임에도 그걸 핑계로 거절한 것이 아니라, 그럼에도 불구하고 말씀에 의지해서 다시 그물을 던지러 나아갔다. 말씀에 의지하는 사람은 내 여건에 좌우되지 않는다. 말씀에 의지하는 사람은 자신의 부족한 환경까지도 내려놓는다. 그리고 그때 하나님의 은혜를 경험할 수 있다.

셋째는 시간적인 문제다. 우리가 무슨 일을 하려면 타이밍이라는 것이 중요하다. 사업을 시작하기 좋은 때, 공부하기 좋은 때, 여행 가기 좋은 때 등 타이밍은 모든 생활 속에서 고려되는 사항이다. 하지만 모든 타이밍이 정확히 맞아야만 하는 것은 아니다. 위기危機라는 한자어에는 위험할 '위危'자와 기회 '기機'자가 같이 쓰여 있다('기'자를 다르게 해석하는 견해도 있다). 위험 속에는 고난이나 고통만 있는 것이 아니라 기회도 함께 있는 것이다. IMF 시기 많은 사람들이 무너지고 힘들어했지만, 그 시기를 기회로 보고 부자가 된 사람도 있었다. 그렇기에 위기의 때에는 기회도 같이 있다.

게네사렛 호수에서는 보통 저녁이나 해가 진 후에 물고기를 잡는다. 해가 뜨고, 태양이 쬐면 물표면에 산소가 부족해지면서 고기들이 물 위로 잘 올라오지 않기 때문이다. 그렇기에 해질녘부터 동이 트기 전까지가 물고기를 많이 잡을 수 있는 시간이다. 이미 날이 밝은 그 시점은 물고기를 잡기에는 적절하지 않은 시간이었다. 그렇지만 베드로는 말씀에 의지해서 그물을 내렸다.

넷째는 고기를 잡는 도구의 문제다. 예수님 당시에는 그물을 던져서 물고기를 잡았는데 그물마다 한정된 길이가 있어서, 깊은 장소로 가도 그물이 닿지 않는 곳에는 내려갈 수 없다. 바닥까지 긁어내는 쌍

끝이 어선이 아니다. 그러니 깊은 데 가서 던져봐야 소용이 없다. 하지만 베드로는 자신이 가진 그물의 길이를 핑계로 예수님이 말씀하신 깊은 곳을 거절하지 않았다. 그저 예수님의 말씀에만 의지해서 깊은 곳으로 가 그물을 던졌다.

베드로와 예수님의 첫 만남

누가복음 5장 3절을 보면 성경은 베드로의 이름을 시몬으로 기록하고 있다. 마찬가지로 4절, 5절, 10절 모두 베드로를 시몬으로 기록한다. 하지만 유독 8절에서는 시몬이라 하지 않고 베드로라는 이름을 사용했다. 누가는 왜 이 장면을 기록하면서 8절에서만 베드로라고 지칭했을까? 시몬이라는 이름은 그의 부모가 지어준 이름이었다. 그리고 베드로라는 이름은 예수님께서 지어주신 이름이다.

예수님께서 시몬에게 베드로라는 이름을 지어주신 것은, 그를 처음 만났을 때다. 요한복음 1장을 보면 베드로의 동생 안드레가 예수님을 먼저 만나고 나서 자기 형인 베드로에게 와서 "메시야를 만났다"고 하며 그를 예수님께 데리고 오는 장면이 나타난다. 안드레는 예수님을 만나기 전까지 세례 요한의 제자였다. 그러다 어느 날 세례 요한이 예수님을 가리켜 "보라 하나님의 어린 양이로다"라고 말하는 것을 듣고는 예수님을 따라가서 예수님의 말씀을 듣고, 예수님과 이야기를 나눠본 후 예수님이 메시야이심을 확신하며 베드로에게 소개한 것이다. 그 이야기가 나오는 장면이 이 말씀이다.

> "그가 먼저 자기의 형제 시몬을 찾아 말하되 우리가 메시야를 만났다 하고(메시야는 번역하면 그리스도라) 데리고 예수께로 오니 예수께서 보시고 이르시되 네가 요한의 아들 시몬이니 장차 게바라 하리라 하시니라(게바는 번역하면 베드로라)"(요 1:41~42).

예수님은 베드로를 처음 대면하시는 순간 그에게 베드로라는 이름을 주셨다. 하지만 베드로는 그때 바로 예수님을 따라가지 않았다. 그저 자신의 일상의 자리로 되돌아갔다. 그런 베드로에게 예수님이 다시 오셨다. 그리고 오늘 예수님이 그 베드로를 다시 만나신 것이다.

주여 나를 떠나소서. 나는 죄인입니다

말씀에 의지해서 그물을 던졌던 베드로는 어마어마하게 많은 고기를 잡았다. 혼자서는 감당하지 못해 동업자를 불러서 두 배에 가득 채우고 돌아왔다. 일반적인 사람이라면 돌아와서 예수님께, "감사합니다. 예수님 덕분에 많은 고기를 잡았습니다"라고 말할 것이다. 하지만 베드로는 돌아오자마자 예수님의 발 앞에 무릎을 꿇고 "주여 나를 떠나소서. 나는 죄인이로소이다"라고 고백한다. 예수님께서 베드로의 잘못을 꾸짖으신 것도 아니고, 자신의 잘못이 공개된 것도 아닌데, 왜 베드로는 자신을 죄인이라고 했을까?

만일 우리가 이제까지 한 번도 성공한 적도 없고 날마다 허탕 치는 인생을 살았는데, 예수님의 말씀을 따랐더니 성공하고, 돈도 많이 벌고, 사회적으로 출세도 하게 되었다고 한다면, 우리는 예수님에게 어떻게 말할까? 보통은 "예수님 늘 함께하고 싶어요, 예수님 나하고 동행해주시고 떠나지 마세요"라고 말할 것이다. 하지만 이 장면에서 베드로는 전혀 그렇게 말하고 있지 않다. "주여 나를 떠나소서. 나는 죄인입니다"라고 고백한다. 왜 그랬을까? 그것은 처음에 안드레가 예수님을 메시야라고 확신하고 자신에게 소개했을 때, 예수님께서 그에게 베드로라는 이름까지 새롭게 지어주셨지만, 베드로는 예수 그리스도를 메시야로 믿고 따르지 않았기 때문이다. 베드로는 처음에는 예수님을 메시야로 인정하지 않았다. 그렇기에 다시 자신의 삶의 자리로 돌아간 것이다. 그런데 그날 예수님의 말씀대로 순종했을 때 나타난 일들을 보면서 예수님이 메시야임을 확신하게 된 것이다. 즉, 베드로의 "주여 나를 떠나소서. 나는 죄인입니다"라는 고백은 예수님을 인정하지 않았던 것에 대한 회개이고, 반성인 것이다.

예수님은 자신이 죄인이라고 고백하는 베드로에게 이렇게 말씀하신다. "무서워하지 말라 이제 후로는 네가 사람을 취하리라"(눅 5:10). 다른 복음서에서는 "사람을 낚는 어부가 되리라"고 기록되어 있기도 하다.

그러자 베드로는 자신의 배와 그물을 모두 버리고 예수님을 따라 갔다. 처음 예수님을 만났을 때, 예수님께서 베드로라 이름을 지어주 셨을 때는 예수님을 따라가지 않았으나, 말씀에 의지해 순종한 이후 예수님을 메시아로 인정하게 되자 모든 것을 버리고 예수님을 따른 것이다. 즉, 진정한 제자의 삶을 살기 시작한 것이다.

성경은 우리에게 "말씀에 의지했더니 성공했다", "말씀에 의지 했더니 축복받았다", "말씀에 의지했더니 이렇게 부자가 되었다"라 는 사실에 집중하라고 말하고 있는 것이 아니다. 성령의 감동으로 이 말씀을 기록한 누가가 정말로 전하고 싶었던 이야기는 예수님 을 진짜 만난 베드로가 '자신이 사랑하는 것들을 버려두고 예수님 만을 따라나설 수 있게 되었다'는 것이다. 예수님에 대한 호칭도 '랍 비'에서 '주님'으로 바뀌는 때가 바로 여기 시몬에서 베드로라는 이름 이 나오는 8절에서다.

그 만남 이후 이제 베드로의 관심은 물고기에서 사람으로 바뀌었 다. 안드레가 예수님을 소개할 때만 해도 베드로는 예수님이 메시야 임을 확신하지 못했는데 이 사건을 경험하자 예수님이 자신의 주님 이며, 메시야임을 확신하고 모든 인생을 걸고 예수님을 따르게 된 것 이다.

고기를 낚는 삶에서 사람을 낚는 삶으로의 변화

하나님께서 이 시대에 교회를 세우신 이유, 우리를 하나님의 사람으로 부르신 이유는 이 땅에서 성공하거나 잘 살게 하시고자 함이 아니다. 진짜 생명의 주인이 되시고 우리 인생의 주인이 되시는 예수님을 영접하고 평생을 하나님의 말씀을 의지하고 따라가는 참된 그리스도의 제자가 되라고 우리를 이 땅에 부르신 것이다.

내가 미국에서 목회할 때 교회를 한 번도 다녀보지 않은 분이 신앙을 갖게 되었다. 내가 시무하던 교회 권사님의 부친이셨는데 오랜 시간 동안 《주역周易》을 공부하시던 분이었다. 세례를 받기 전에 미리 만나서 세례 문답을 했는데, 그분이 내게 "목사님, 내가 이 책들을 모두 버리겠습니다"라고 말씀하셨다. 그러고는 세례를 받기 전에 《주역》책을 모두 불살라 버리고, 매일같이 새벽에 일어나 성경을 읽으시고 필사를 하기 시작하셨다.

또 다른 한 성도 역시, 세례 문답을 하는데 자신이 그동안 제사 때 사용해오던 제기祭器를 모두 버리겠다고 고백했다. 그러고는 자녀들에게 이제부터 제사를 드리지 않겠다고 선언하시고, 신앙생활을 하며 집사가 되셨다.

새로운 출발을 위해서는 과거의 내 삶을 끊어내야 한다. 베드로가 배와 그물을 버려두고 예수님을 따랐던 것처럼, 앞의 성도들이 《주역》책과 제사 도구들을 버리고 신앙생활을 시작한 것처럼 우리도 습관처럼 지내온 우리의 과거 삶을 버려야 한다.

　고기 잡는 법, 그 말씀만 아멘하며 의지하는 기복적인 신앙의 교인이 아니라, 진짜 말씀에 의지하여 예수 그리스도를 끝까지 따르겠다는 결단을 하는 제자들이 될 수 있기를 소망한다. '레마'의 말씀을 붙들고 그리스도의 삶을 따라 살아갈 때, 우리의 삶은 고기를 낚는 삶에서 사람을 낚는 삶으로 변화하게 될 것이다.

모든 것을 버려두고 따르라

　일본 니카타현의 순종 잉어를 코이라고 하는데, 일본 사람들은 자기 집 정원 연못에 이 코이를 많이 키운다. 코이는 지진이 일어나기 전에 불안정하게 움직이는데, 일본인들은 이 잉어의 움직임을 통해 지진이 일어날 것을 예측할 수 있다고 한다.

　그런데 이 코이라는 잉어의 또 다른 특징은 키우는 장소에 따라 크기가 다르게 성장한다는 것이다. 똑같은 니카타현의 코이인데 이 잉어를 어항 속에 키우면 3~8센티미터 정도밖에 자라지 않고, 조금 더 큰 수족관에 키우면 15~25센티미터로 성장한다. 그리고 수족관이 아니라 강가에서 자라는 코이는 90~120센티미터까지도 성장한다고 한다. 품종이 같아도 어디에 있느냐, 어디에서 사느냐에 따라서 그 크기가 달라질 수 있다.

베드로가 만약 오늘처럼 엄청난 고기를 잡고 대박 난 인생을 계속 영위하기 위해서 갈릴리 바다의 어부로만 살기를 원했다면, 우리는 어부 베드로에 대해서만 이야기할 수밖에 없었을 것이다. 즉, 갈릴리 해변에서만 사는 베드로밖에는 더 이야기할 것이 없었을 것이다.

하지만 베드로는 모든 것을 버려두고 예수님을 따라나섰다. 지금 잡은 어마어마한 고기를 팔아서 돈을 챙기지도 않고, 이제까지 인생에서 소중했던 그물도 내팽개치고, 더군다나 어부에게는 전부라고 할 수 있는 배까지 버려두고 예수님을 따라나섰다.

"이제 후로는 네가 사람을 취하리라." 이 말씀이 결국은 그의 인생의 말씀이 되었고 복음으로 사람을 낚는 사도로서의 삶을 사는 인생이 되게 했다. 우리도 마찬가지다. 찢어질 정도로 고기를 많이 잡는 것이 예수님을 따라가는 인생의 목적이 되어서는 안 된다. 내 배에도, 내 동업자의 배에도, 내 사업과 인생의 배에도 세상 것들을 가득 채우며 사는 것이 예수님을 따르는 신앙의 우선순위가 되어서는 안 된다. 예수님을 따르는 제자는 세상의 모든 복까지도 내려놓고, 아무것도 세상 것으로 보상받지 못하는 인생이 된다 할지라도 하나님의 뜻과 하나님의 나라와 하나님의 이름을 위하여 끝까지 나아갈 수 있어야 한다. 어항 속에만 있는 게 아니라, 이제는 세계 속으로, 땅 끝까지 나아가 그리스도의 증인으로 살아가는 제자들이 되어야 한다. 어항이 아니라 강가에서 가장 크게 성장하는 코이처럼 교회 안에서만 크기를 자랑하는 교인이 아니라, 세계 속으로 나아가 '하나님의 선교'를 감당하기 위하여 하늘의 능력을 힘입어 더 크고 강하게, 더 담대하고 용감하게 복음을 전하는 교회와 성도가 되어야 할 것이다.

오늘의 본문_ 눅 5:1~11
문제 제기

새로운 출발

어머니의 뱃속에서 나온 순간부터 우리는 이미 각자의 인생을 시작했습니다. 철들기 시작하면서부터 자신의 인생을 나름대로 계획해보고 설계도 해보았을 것입니다. 지금까지 그 계획대로, 설계대로 살아왔나요? 현재의 삶에 만족하고 계십니까? 다시 인생이 주어진다면 당신은 어떻게 시작하시렵니까? 예수님을 만나 자신의 인생을 다시 수정하고 새롭게 시작한 인물이 본문에 소개되고 있습니다. 우리에게도 기회가 있습니다. 우리를 향한 하나님의 계획 속에, 우리 자신을 드려 새롭게 출발할 수 있는 그런 멋진 기회가 지금 열려 있습니다. 같이 그 출발선에 서보시지 않겠습니까?

• 다음의 질문을 서로 나누고 이야기해봅시다.

1. 당신에게 있었던 인생의 꿈은 무엇이었나요?

2. 현재 당신이 살아가고 있는 그 삶에 만족도는 얼마나 되나요?(꿈이 실현되었든, 혹은 진행 중이든, 아니면 전혀 다른 결과이든)

3. 만약 당신에게 다시 기회가 주어진다면 무엇을 하고 싶나요?

본문 연구

172쪽 해답 및 해설 참조

① 지금 본문의 장소와 상황은 어디이며 무엇입니까?(5:1~2)

---

② 예수님은 누구의 배에 오르셨습니까?(5:3)

---

③ 예수님 말씀의 청중과 내용을 구분해보십시오.(5:3~4)

---

④ 예수님을 만나기 전 시몬에겐 어떤 일이 있었나요?(5:2, 5)

---

⑤ 시몬은 어떤 결심을 했으며 그 결과는 어떻게 나타났나요?(5:5f, 6~7)

---

⑥ 시몬 베드로는 예수님께 어떤 말씀을 드렸으며 그 이유는 무엇인
가요?(5:8~9)

---

⑦ 예수님은 시몬에게 무엇이라고 말씀하셨나요?(5:10)

---

⑧ 시몬 베드로가 누구인지 묘사하는 부분들을 찾아보십시오.(5:2,
8, 11)

---

⑨ 11절의 '그들이'는 누구를 이야기하는 것일까요?(5:10, 참조 마
4:18~22; 막 1:16~20)

---

⑩ 새로운 출발을 하고 있는 모습들을 살펴보십시오.(5:11, 참조 마
4:18~22; 막 1:16~20)

적용

① 그리스도인의 많은 사명 가운데 우리가 소중하게 생각해야 할 사
   명은 어떤 것이 있을까요?

----

② 나를 하나님 앞에 새롭게 서게 했던 말씀은 무엇입니까?

----

③ 내가 예수님을 따르기 위해 인생에서 버려야 할 것과 해야 할 것
   은 어떤 것들이 있습니까?

----

④ 내가 전도한 사람들은 몇 명이며 누구입니까?

결단

지금 여러분에게 인생을 새롭게 출발할 수 있는 기회가 주어진다면
어디에서부터 시작하시겠습니까? 다시 공부할 수 있는 학창 시절이

나, 사업을 확장시켜 돈을 많이 벌 수 있는 시기, 결혼 전 배우자를 자유롭게 선택할 수 있는 그런 시절들로 돌아가고 싶으십니까? 다 좋습니다. 그러나 우리 인생을 하나님과 함께 다시 시작하는 건 어떻습니까? 지금 하나님 앞에 거룩한 소명을 받고, 우리의 사명을 깨닫는 그 자리에서 다시 우리 인생을 출발하십시다.

오늘의 말씀을 통해서 나의 신앙과 삶의 자리에서 결단해야 할 것은 무엇인가요?

2장

인생을
바꾼
열정

35. 여리고에 가까이 가셨을 때에 한 맹인이 길 가에 앉아 구걸하다가 36. 무리가 지나감을 듣고 이 무슨 일이냐고 물은대 37. 그들이 나사렛 예수께서 지나가신다 하니 38. 맹인이 외쳐 이르되 다윗의 자손 예수여 나를 불쌍히 여기소서 하거늘 39. 앞서 가는 자들이 그를 꾸짖어 잠잠하라 하되 그가 더욱 크게 소리 질러 다윗의 자손이여 나를 불쌍히 여기소서 하는지라 40. 예수께서 머물러 서서 명하여 데려오라 하셨더니 그가 가까이 오매 물어 이르시되 41. 네게 무엇을 하여 주기를 원하느냐 이르되 주여 보기를 원하나이다 42. 예수께서 그에게 이르시되 보라 네 믿음이 너를 구원하였느니라 하시매 43. 곧 보게 되어 하나님께 영광을 돌리며 예수를 따르니 백성이 다 이를 보고 하나님을 찬양하니라 1. 예수께서 여리고로 들어가 지나가시더라 2. 삭개오라 이름하는 자가 있으니 세리장이요 또한 부자라 3. 그가 예수께서 어떠한 사람인가 하여 보고자 하되 키가 작고 사람이 많아 할 수 없어 4. 앞으로 달려가서 보기 위하여 돌무화과나무에 올라가니 이는 예수께서 그리로 지나가시게 됨이러라 5. 예수께서 그 곳에 이르사 쳐다보시고 이르시되 삭개오야 속히 내려오라 내가 오늘 네 집에 유하여야 하겠다 하시니 6. 급히 내려와 즐거워하며 영접하거늘 7. 뭇 사람이 보고 수군거려 이르되 저가 죄인의 집에 유하러 들어갔도다 하더라 8. 삭개오가 서서 주께 여쭈오되 주여 보시옵소서 내 소유의 절반을 가난한 자들에게 주겠사오며 만일 누구의 것을 속여 빼앗은 일이 있으면 네 갑절이나 갚겠나이다 9. 예수께서 이르시되 오늘 구원이 이 집에 이르렀으니 이 사람도 아브라함의 자손임이로다 10. 인자가 온 것은 잃어버린 자를 찾아 구원하려 함이니라(눅 18:35~19:10).

18세기의 영국과 존 웨슬리

'해가 지지 않는 나라', '신사의 나라'로 불리는 영국, 한때 세계 최강대국이었고, 신사적 이미지의 상징으로 인식되어 있는 나라 영국이, 18세기에는 도덕적으로, 영적으로 무척 혼란을 겪고 있었다. 정치인과 상류 귀족층은 부패했으며, 자기 유익만을 위해 살았고, 농촌에서 도시로 몰려드는 사람들은 술과 노름에 빠져 흥청망청 살았다. 1740년대에는 한 해 700만 갤런(약 2,650만 리터)의 값싸고 독한 술이 소비되었으며, 도시에는 사소한 절도에서부터 강력 사건까지 수많은 범죄들이 끊이지 않았다.

그렇기에 법이 무척 엄격해 판사는 사소한 죄에도 사형을 구형했다. 당시 253개의 죄에 대하여 최고 사형을 구형할 수 있었는데, 예를 들어 무허가 야생 토끼 사냥, 교량 등의 공공 기물 파손, 불법 벌목, 5실링 이상의 절도 등에도 사형을 구형할 수 있었다. 여기에는 어린이도 예외가 없었다.

당시 영국 국교회는 교회의 사명을 다하기보다는 왕실의 환심을 사고 호의를 얻으려는 일에 열중했으며, 목회자의 설교 역시 일반 성도의 영혼을 위한 설교가 아니라, 기존 질서와 체제를 두둔하고 거물급 정치인들을 찬양하는 내용의 정치 강연 같은 것들이 난무했다.

이러한 시기에 옥스퍼드 대학교를 졸업하고 영국 국교회 목사로 있던 존 웨슬리John Wesley는 자신의 신앙에 대한 회의와 번민으로 고민했다. 1738년 5월 24일 저녁 올더스게이트 거리희 한 집회에 참석한 웨슬리는 누군가가 낭독하는 루터의 《로마서 주석》 서문을 함께 읽다가 회심의 체험을 하게 된다. 웨슬리는 자신의 일기에 이렇게 기록했다.

> 나는 내 마음이 이상하게 따뜻해짐을 느꼈다. 나는 내가 그리스도를 신뢰하고 있다고 느꼈으며, 구원을 위해 오직 그리스도만 믿고 있음과, 주께서 나의 죄를, 아니 나의 죄까지도 다 거두어가시고 나를 죄와 사망의 법에서 건져주셨다는 확신이 주어졌다. 그리고 나는 곧 거기 있던 모든 사람들 앞에서 공개적으로 간증했다.

그 후 웨슬리는 고아들을 위한 학교들을 세우고, 노예제도 폐지를 위한 설교를 하고, 가난한 사람들을 위해 진료소를 운영하고, 쉽게 사형에 처하고 감옥에 가두는 형법을 수정하도록 힘썼다. 또한 매일같이 거리로 나가 설교했으며, 평생 동안 25만 마일(약 40만 킬로미터)을 말을 타고 복음을 전했으며, 4만 회 이상의 설교를 했다.

그를 통해 감리교회가 생겨나게 되었으며, 영국 사회가 변화되기 시작했다. 존 웨슬리 한 사람의 회심이 당시 타락하고 영적인 힘을 잃어가던 영국교회를 살리고, 18세기 암울했던 영국이라는 나라를 살렸다.

당시 존 웨슬리의 영향력이 얼마나 대단했는지, 현시대에서도 웨슬리는 영국인들에게 영향을 끼치고 있다. 한 예로 영국 사람들이 뽑은 '위대한 영국인 100인'에서 웨슬리는 50위를 차지했다. 영국의 전설적 인물인 아서 왕이 51위, 간호학의 창시자 나이팅게일 52위임을 감안하면 웨슬리의 영향력이 얼마나 큰지 미루어 짐작할 수 있다.

예수님께 관심을 두라

누가복음 18장 35절에서 등장하는 맹인과 19장에서 나오는 삭개오는 우리에게 예수님을 만나면 인생이 어떻게 달라지는지를 보여준다. 맹인과 삭개오 이야기의 공통점은 예수님 만나기 전의 인생을 보여주지는 않는다는 데 있다. 성경은 단지 그들이 어떻게 예수님을 만났고 어떻게 변화가 되었는지에 대해서만 소개하고 있다. 그렇다면 그들은 예수님을 어떻게 만났을까? 먼저 그들에게는 예수님을 향한 관심이 있었다.

"무리가 지나감을 듣고 이 무슨 일이냐고 물은대 그들이 나사렛 예수

께서 지나가신다 하니"(눅 18:36~37).

맹인은 평소대로 길가에 나와 구걸을 하고 있었는데, 웅성이는 소
리와 많은 사람들이 몰려 지나가는 소리를 듣고 무슨 일인지를 물었
다. 예수님에 대해 궁금해하고 관심을 가진 것이다. 삭개오 역시 마찬
가지였다. 누가복음 19장 3절에 보면 "그가 예수께서 어떠한 사람인
가 하여 보고자 하되"라고 기록되어 있다. 즉, 예수님에 대해 궁금해
하고 관심을 가진 것이다.

맹인과 삭개오가 예수님에 대해 관심을 갖지 않았다면 예수님은
그들을 그냥 지나치셨을지 모른다. 예수님이 지나가신 모든 곳의 사
람들이 고침을 받고 구원을 받은 것이 아니다. 예수님을 만나기 위해
부르짖고, 예수님을 보기 위해 나무 위에 올라간 이들이 고침과 구원
을 받은 것이다.

예수님에 대한 작은 관심이 인생 전체를 바꾸는 계기가 되었다. 하
지만 많은 사람들은 예수님보다 세상 것(돈 버는 것, 공부 잘하는 것, 높
아지는 것)에 대해 관심이 더 많다.

미국 내쉬빌에 교회 출석과 관련해 세계신기록을 깬 여성이 있다. 리
사 크레이그 Lisa Crag라는 이 여성은 80세 생일을 맞은 때까지 1,040주일,
즉 20년간 한 주일도 빠지지 않고 주일 예배에 참석했다. 그녀에 관
한 기사가 《내쉬빌 신문》에 실리기도 했다. 신문사 편집국장은 그녀

에게 질문했다. "당신에겐 눈보라 치는 일요일도, 예기치 않은 손님이 온 일요일도, 늦게 잠잘 수밖에 없었던 토요일도, 텔레비전 설교로 한 주일쯤 때우고 싶을 때도, 몸이 아픈 날도 없었단 말입니까?" 이에 대해 그녀는 이렇게 대답했다. "훈련소에서 훈련 중인 군인에게 당신의 질문을 해당시킬 수 있겠습니까? 나는 매주일 믿음의 훈련을 받는 것으로 생각하고 있습니다."

주일 예배를 믿음의 훈련 시간으로 생각하고 예배에 관심을 갖는다면, 예배에 쉽게 빠지는 행위는 하지 않을 것이다. 지금까지 우리가 예배에 빠졌던 날들을 돌아보았을 때 정말로 예배에 빠질 만한 이유가 있었는지 생각해보자. 정말 그렇게 중요한 일을 했는가? 우리가 진짜 기독교인이라면 하나님을 만나는 시간보다 더 중요하게 여겨야 할 것은 없어야 한다.

천국을 왜 사모하는가? 천국이 값비싼 보석들로 지어졌기 때문인가? 진기하고 맛있는 음식이 가득하기 때문인가? 아니면 일하지 않아도, 편안하게 살 수 있기 때문인가? 그것도 아니면 즐겁고 행복한 삶을 누리기 때문인가?

길이 금으로 만들어져 있고, 호화로운 주택이 넘쳐나고, 맛있는 음식과 화려한 보석이 쌓여 있다고 할지라도 하나님이 안 계시면 그곳은 천국이 될 수 없다. 천국은 하나님이 나와 함께하시는 곳이다.

사람은 자신이 관심 두는 것을 향하여 나아간다. 내 관심이 대부분 세상적인 것이라면 나는 세상에 속한 사람이다. 하나님의 백성, 천국

시민과는 거리가 멀다. 이스라엘 백성이 출애굽 후 열흘이면 갈 수 있는 가나안을 40년 만에 도착한 것도 그들의 관심이 여전히 애굽, 세상에 있었기 때문이다.

하나님, 예수님, 예배, 말씀, 교회에 관심을 두면 우리의 인생이 달라질 수 있다. 앞의 맹인과 삭개오처럼 세상이 아니라 예수님께 관심을 두면 예수님을 만날 수 있고, 인생이 송두리째 변할 수 있게 된다.

예수님을 향한 열정을 가져라

맹인과 삭개오는 단지 예수님에 대한 관심만 있었던 것은 아니다. 그들은 장애물을 극복할 수 있는 열정이 있었다.

> "맹인이 외쳐 이르되 다윗의 자손 예수여 나를 불쌍히 여기소서 하거늘 앞서가는 자들이 그를 꾸짖어 잠잠하라 하되 그가 더욱 크게 소리 질러 다윗의 자손이여 나를 불쌍히 여기소서 하는지라"(눅 18:38~39).

맹인은 예수님을 만나기 위해 소리 높여 외쳤지만 사람들에 둘러싸여 있던 예수님께는 그 소리가 들리지 않았다. 오히려 다른 이들에게 꾸짖음만 당했다. 그럼에도 불구하고 맹인은 사람들의 꾸짖음에 주눅 들지 않고 더욱 크게 소리 질러 "다윗의 자손이여 나를 불쌍히 여기소서"라고 외쳤다.

삭개오 역시 마찬가지다. 예수님을 만나기 위해 예수님 계신 곳까지 찾아갔으나 군중에 둘러싸여 있던 예수님을 만날 수가 없었다. 하지만 삭개오는 포기하지 않고 예수님을 만나기 위해 나무 위에까지 올라갔다.

자신의 상황 때문에, 장애물 때문에 예수님 만나기를 포기한다면, 우리의 삶은 절대 달라질 수 없다. 꾸짖음에 주눅 들지 말고 장애물에 둘러싸였다고 포기하지 말고 예수님의 걸음을 멈춰 세울 수 있도록 크게 외쳐야 한다. 신앙생활에도 열정을 식게 만드는 장애물은 항상 존재한다. 맹인에게는 앞을 못 보는 자신의 한계와 사람들의 꾸짖음이 예수님을 만나보고자 하는 열정을 사그라들게 하는 장애물일 수 있다. 삭개오에게는 키가 작다는 자신의 육체적 한계와 수많은 군중이 열정을 갖지 못하게 만드는 장애물일 수 있다.

'죽은 잎사귀'라는 별명을 가진 칼리마kallima라는 나비가 있다. 날개를 펴고 날 때는 찬란한 색깔을 자랑하지만 날개를 접고 앉아 있으면 마치 마른 잎사귀처럼 누렇게 보이기 때문에 그런 별명을 가졌다. 단지 자기 자신의 안전만 생각하고 보호색만 띤 채로 숨어 있기만 한다면 칼리마는 그 아름다운 날개를 보여주지 못할 것이다. 오늘 우리의 인생도 마찬가지다. 예수님을 향한 열정을 식게 만드는 장애물에 주저앉아 있고, 포기하는 것만 선택한다면, 하늘 소망을 향해 아름다운 날개를 활짝 펴고 찬란한 빛깔을 보여주는 신앙의 신비한 차원을 경험하지 못할 것이다. 패배자처럼, 겁쟁이처럼 싸늘하게 식어버린 믿음과 신앙만 가지고 날개를 접고 죽은 잎사귀처럼 있지 말고 주님을 향한 열정을 회복하고 찾아야 한다. 누가복음의 맹인처럼 '다윗의 자손 예수여!'라고 목이 터져라 소리 질러보자. 지금 부르지 않으면 예수님은 스쳐 지나갈지도 모른다. 꾸짖음에 포기하지 말고 환경이 어렵다고 주춤거리지 말고 예수님의 걸음을 멈춰 세우는 외침을 우리 모두 가져보자. 키가 작아서 사람들이 많아서 예수님을 제대로 볼 수 없다면 왜 앞으로 달려가기를 주저하는가? 언제까지 나의 작은 키와 불편한 눈을 핑계 삼을 것인가? 언제까지 다른 사람들 때문에 교회생활 못 하겠다고 불평만 하고 있을 것인가? 핑계와 불평은 예수님을 향한 열정을 식게 만든다. 장애물이 있다면 넘어라! 삭개오와 맹인처럼 예수님을 향한 더 뜨거운 열정으로 내 환경이나 주변의 장애물을 극복해나가라! 예수님을 만나고자 하는 그 열정이 당신의 미래를 바꿀 수 있게 되는 날이 반드시 올 것이다.

예수님을 위한 삶을 살라

어렵게 예수님을 만났다면, 거기서 그쳐서는 안 된다. 이후의 우리 삶에 변화가 있어야 한다.

"곧 보게 되어 하나님께 영광을 돌리며 예수를 따르니 백성이 다 이

　를 보고 하나님을 찬양하니라"(눅 18:43).

　맹인이 예수님을 만난 후 일어난 변화는 눈을 뜨게 된 것이다. 하

지만 이보다 더 중요한 변화는 "하나님께 영광을 돌리며 예수를 따르

니"라는 말씀에 있다. 예수님과의 만남이 자신의 만족(눅 18:41 "주여

보기를 원하나이다")에 그치는 것이 아니라 더 나아가 예수님을 위한

삶으로 연결되어야 한다.

　삭개오의 변화는 더욱 극적이다. 삭개오는 예수님을 영접한 이후

이렇게 고백한다.

"주여 보시옵소서 내 소유의 절반을 가난한 자들에게 주겠사오며 만일

　누구의 것을 속여 빼앗은 일이 있으면 네 갑절이나 갚겠나이다"(눅 19:8).

　예수님을 영접한 삭개오는 자신이 생명처럼 모아온 재물의 절반

을 가난한 사람들에게 나눠주며, 속여 빼앗은 재물은 네 배로 갚겠다

고 고백한다(가난한 자들을 구제하는 당시 랍비의 규정과 율법에는 자신의

소유나 수입에서 20퍼센트, 누구의 것을 빼앗거나 착취하였을 경우 그 원래

의 값에 20퍼센트를 주도록 하고 있었다). 예수님은 삭개오가 베푼 잔칫

상을 받기 위해 그의 집에 머무신 것이 아니다. 삭개오의 변화된 고

백을 듣기 위해 그의 집에 머무셨던 것이다. 오늘의 우리에게도 주님

은 말씀하신다.

"I must stay at your house today, in your mind, in your life."

아프리카 선교의 개척자 에드워드 리빙스턴은 원래는 의사가 되기 위해 글래스고 대학에서 의학 공부를 했다. 하지만 예수님을 만난 후 그는 중국 선교를 위해 의학 공부를 포기하고 신학을 배웠다. 안타깝게도 당시 영국과 중국의 아편 전쟁으로 인해 그의 중국 선교는 무산되었지만, 그는 포기하지 않고 방향을 틀어 아프리카 선교에 뛰어들었다. 1840년 12월 8일 선교사로 파송받은 리빙스턴은 이후 평생 아프리카 부족들을 찾아다니며 복음을 전했으며, 아프리카의 개방과 문명화에 힘쓰고 노예제도 금지를 위해 헌신했다. 그는 1873년 취탐보Chitambo 마을에서 침상 옆에 무릎 꿇고 기도하는 자세로 숨친 채 발견되었는데 그의 마지막 일기에는 다음과 같이 기록되어 있었다.

"오늘은 나의 생일이다. 나의 예수여, 나의 왕이여, 나의 생명이여, 나의 모든 것이여, 오늘을 기하여 다시 나를 바칩니다. 자비하신 아버지, 나를 받아주소서. 하나님은 독생자를 나에게 주셨는데 이 못난 것, 아무것도 아니지만 전부 바치오니 받아 사용해주소서. 아멘, 주님이시여 아멘."

의사가 되려고 했던 리빙스턴은 예수를 만난 후 자신의 삶을 온전히 예수님께 드렸다. 그리고 전 생애를 복음을 전하는 선교사로 헌신했다. 그의 마지막 일기 가운데 마지막 부분 "이 못난 것, 아무것도 아니지만 전부 바치오니 받아 사용해주소서"라는 고백은 리빙스턴만의, 선교사나 목회자만의 고백이 아니라 예수 그리스도를 영접한 모든 그리스도인의 고백이 되어야 한다.

마지막까지 돈, 명예, 자신의 욕망만을 채우기 위해 바쁘게 살아가는 인생이 되지 말고, 하나님의 영광을 드러내는 삶을 위해, 예수님을 영접하고 감사하는 삶을 위해 내 인생의 심지 끝까지 다 태워 하늘의 불꽃을 피워내는 것, 그것이 우리가 이 땅에서 걸어가야 할 참된 그리스도인의 모습이다.

오늘의 본문 _ 눅 18:35~19:10
문제 제기

달라진 미래

인생을 살다 보면 우리의 일상에서 호기심이 자주 생깁니다. 당신은 당신의 호기심이 열정으로 바뀌어본 경험이 있습니까? 또 그 열정이 당신의 미래를 바꾼 경험이 있습니까? 예수님에 대한 단순한 호기심이 그분 앞에 열정적인 모습으로 서게 만들고, 그리하여 마침내는 자신의 인생과 미래를 좋은 것으로 바꿀 수 있었던 사람들의 이야기를 본문은 소개하고 있습니다. 과거가 어떠했든지 진짜로 예수님을 만난 사람들은 이렇게 달라질 수 있습니다. 예수님을 믿고 달라진다는 것은 무엇인가요? 혹시 우리는 예수님을 믿고서도 여전히 욕심쟁이로, 자기만 아는 이기주의자로 살고 있지는 않나요?

• 다음의 질문을 서로 나누고 이야기해봅시다.

1. 당신에게 현재 세상적으로 가진 큰 호기심이나 관심은 무엇인가요?

2. 당신이 현재 신앙생활을 하는 자리나 교회 생활에서 가진 호기심이나 관심은 무엇인가요?

본문 연구

181쪽 해답 및 해설 참조

① 이 두 사건이 일어난 장소는 어디인가요?(18:35, 19:1)

----

② 두 사건의 주인공들은 어떤 사람들이었나요?(18:35, 19:2)

----

③ 그들이 예수님을 만날 수 있었던 발단은 무엇인가요?(18:36~37, 19:3)

----

④ 그들이 처음에 예수님을 만날 수 없었던 이유는 무엇인가요?(18:38 ~39, 19:3)

----

⑤ 그 문제를 어떻게 극복했으며 그 의미는 무엇인가요?(18:39~40, 19:4~5)

----

⑥ 예수님을 만난 맹인과 삭개오는 어떻게 달라졌나요?(18:43, 19:8)

⑦ 예수님은 그들에게 무엇이라고 말씀하셨나요?(18:42, 19:9~10)

적용

① 이 사건의 현장에는 맹인과 삭개오 외에 어떤 사람들이 있었나요?

② 지금 내게 예수님을 만날 수 없게 하는 내적·외적인 문제들은 무엇이 있나요?

③ 내가 예수님을 만나기 위해 올라가야 하는 뽕나무는 어디이며, 외쳐야 하는 소리는 무엇인가요?

④ 그리스도인으로서 오늘을 살며, 하나님 앞에 열정적인 신앙생활을
　하는 모습이란 어떤 것일까요?

결단

우리 주변에는 여기저기에 교회가 많습니다. 마음만 있다면 교회 다
니기는 정말 쉽습니다. 하지만 그만큼 우리는 예수님을 자주 만나고
있을까요? 자신이 그리스도인이라고 하면서 아직도 예수 그리스도는
한 번도 만나보지 못한 사람도 있습니다. 예수님을 만났다고 하면서
전혀 달라지지 않은 삶을 살아가는 사람도 있습니다. 혹시 내가 그런
사람은 아닌가요? 맹인과 삭개오의 말씀을 통해서 우리는 내 삶을 바
꿀 수 있는 믿음을 키워가야 할 것입니다.
오늘의 말씀을 통해서 나의 신앙과 삶의 자리에서 결단해야 할 것은
무엇인가요?

3장

기적을
낳는
순종

1. 사흘째 되던 날 갈릴리 가나에 혼례가 있어 예수의 어머니도 거기 계시고 2. 예수와 그 제자들도 혼례에 청함을 받았더니 3. 포도주가 떨어진지라 예수의 어머니가 예수에게 이르되 저들에게 포도주가 없다 하니 4. 예수께서 이르시되 여자여 나와 무슨 상관이 있나이까 내 때가 아직 이르지 아니하였나이다 5. 그의 어머니가 하인들에게 이르되 너희에게 무슨 말씀을 하시든지 그대로 하라 하니라 6. 거기에 유대인의 정결 예식을 따라 두세 통 드는 돌항아리 여섯이 놓였는지라 7. 예수께서 그들에게 이르시되 항아리에 물을 채우라 하신즉 아귀까지 채우니 8. 이제는 떠서 연회장에게 갖다 주라 하시매 갖다 주었더니 9. 연회장은 물로 된 포도주를 맛보고도 어디서 났는지 알지 못하되 물 떠온 하인들은 알더라 연회장이 신랑을 불러 10. 말하되 사람마다 먼저 좋은 포도주를 내고 취한 후에 낮은 것을 내거늘 그대는 지금까지 좋은 포도주를 두었도다 하니라 11. 예수께서 이 첫 표적을 갈릴리 가나에서 행하여 그의 영광을 나타내시매 제자들이 그를 믿으니라(요 2:1~11).

태도에 따라 결과가 달라진다

《사람은 무엇으로 성장하는가》,《리더십 불변의 법칙》,《리더의 조건》 등의 베스트셀러를 쓴 존 맥스웰John Maxwell 목사가 미국의 남부 지역을 여행했을 때의 일이다. 한국은 주유소에 들어가면 주유원이 기름을 넣어주지만 미국은 대부분 운전자가 직접 넣는다. 그런데 맥스웰이 기름을 넣기 위해 주유소에 들렀는데 비가 오는 중에도 주유소 직원들이 나와서 손님들을 부지런히 돌보고 있는 모습을 보았다. 다른 주유소와는 다른 서비스에 감명한 맥스웰은 무슨 이유 때문에 직원들이 친절한지 궁금했다.

맥스웰이 주유소 안쪽의 가게로 들어가려는데 출입구 위에 다음과 같은 문구가 붙어 있었다.

고객들이 가게를 다시 찾지 않는 이유

사망(1퍼센트)

이사(3퍼센트)

다른 곳과의 친분(5퍼센트)

고가의 가격(9퍼센트)

상품에 대한 불만족(14퍼센트)

손님들에 대한 종업원 불친절(68퍼센트)

이 이야기는 태도가 얼마나 중요한지에 대해 우리에게 말해준다. 어떤 일을 할 때 그 일을 완수했느냐? 혹은 완수하지 못했느냐의 결과보다 더 중요한 것은 내가 그 일을 시작할 때에 어떤 태도와 자세로 시작했느냐다.

어느 신발 회사에서 자사의 신발을 한 섬 지역에 팔기 위해 두 명의 세일즈맨을 시장조사 차 파견했다. 첫 번째 세일즈맨이 도착해서 살펴봤더니, 그 섬 주민들은 모두 신발을 신고 있지 않았다. 그 세일즈맨은 본사에 전보를 쳐 이렇게 전했다. "이곳 사람들은 아무도 신발을 신지 않습니다. 여기서는 신발을 팔 수 없습니다." 두 번째 세일즈맨도 도착해서 똑같은 광경을 목격했다. 하지만 그는 본사에 이렇게 보고했다. "당장 1만 켤레의 신발을 보내주십시오. 이곳 사람들은 신이 필요한 것 같습니다."

똑같은 상황이지만 한 사람은 신발을 신지 않는 사람들을 보며 '이곳에서는 신발을 팔 수 없다'고 생각하고, 다른 한 사람은 '신발을 신은 사람이 없기 때문에 더 많은 사람들에게 신발을 팔 수 있다'고 생각했다. 어떤 태도를 갖느냐에 따라 생각도, 결과도 달라질 수 있다.

문제 앞에서의 우리의 자세

어느 날 예수님은 모친 마리아와 제자들과 함께 갈릴리 가나의 어느 혼례에 참석했다. 그 잔치에서 예수님은 주인공이 아닌 손님이었다. 그저 잔치를 즐기고 축하해주면 되는 일이었다. 하지만 혼인 잔치에 문제가 발생했다. 손님들을 위해 준비했던 포도주가 모두 떨어진 것이다.

유대인의 관습에서 혼인 잔칫집에 포도주가 떨어졌다는 것은 잔칫집의 분위기를 단번에 저하시킬 수 있는 큰 문제였다. 그때 예수님의 어머니 마리아가 하인들에게 "예수께서 너희에게 무슨 말씀을 하시든지 그대로 하라"고 이야기한다. 그리고 예수님은 하인들에게 물을 포도주 통에 붓도록 하고 그 물을 연회장에게 떠다 주라고 명령하신다. 상식적으로 납득이 가지 않는 일이었지만 하인들이 그 명령에 순종하자 물이 포도주가 되어 잔치의 흥을 이어갈 수 있게 되었다.

이 이야기에서 가장 중요한 부분은 바로 "너희에게 무슨 말씀을 하시든지 그대로 하라Do whatever he tells you"(요 2:5)라는 구절이다. 이 말은 우리 그리스도인에게 있어서 무엇보다 중요한 신앙의 자세다. 우리는 '그대로 하라Do'는 순종보다 우선 '무슨 말씀What'이냐를 먼저 따져보려고 한다. '무슨 말씀을 하시든지Whatever'를 나의 수준과 판단과 조건에 맞추어 재단을 한 후에 나한테 이득인 것만, 좋은 것만 골라내어 '하라Do'의 단계로 옮겨간다. 나의 신앙은 어떠했는가, 나는 예수님의 말씀에 무엇이든 순종했는가, 혹시 내 생각과 일치하거나 내 상황과 어울려야만 지시에 순종하지는 않았는가.

보통 사람들은 문제가 생기면 하나님을 더 가까이 찾을 것 같지만 실제로는 문제 해결을 위해 자신의 방법을 먼저 시도한다. 고난과 어려움을 겪게 되면 하나님을 더욱 간절히 부를 것 같은데 어떤 사람들은 거꾸로 하나님으로부터 멀어져간다. 문제 앞에서 신앙을 접어둘 때가 있다. 인생의 고통 앞에서 하나님의 이름을 원망하고, 교회를 떠날 때가 있다.

직장을 잃거나, 갑작스럽게 회사가 부도날 수도 있다. 사랑하는 사람과 이별할 때도, 믿었던 사람에게 배신을 당할 때도 있다. 큰 병에 걸리거나, 명예가 실추될 수도 있다.

이러한 문제 앞에서 우리는 내 노력이 아니라 하나님을 의지하는 자세를 가져야 한다. 물론 모든 문제를 팽개쳐두고 기도만 하라는 것도, 책임을 다른 사람에게 떠넘기라는 것도 아니다. 내 노력을 쏟기 전에 먼저 하나님께 기도하고, 그 문제를 하나님 앞에 내어놓으라는 이야기다. 우리의 능력에 의지하거나, 내 힘으로 사는 것에 우리의 삶을 맞춘다면 문제가 생겼을 때 문제 범위 속에 깔려버릴 수밖에 없다. 내가 해결할 수 있는 힘은 한계가 있기 때문이다.

그러나 하나님의 백성들은 자신의 능력이 아니라, 하나님의 능력에 초점을 맞추며 살아간다. 혹시 우리가 어떤 문제에 부딪쳐서 인생이 주춤거린다 하더라도, 주춤거리다가 내 인생이 쓰러져버린다 하더라도 하나님의 능력에 초점을 맞춘 사람들은 다시 일어설 수 있다는 것을 분명히 믿어야 한다. 다시 출발할 수 있는 충분한 힘을 하나님으로부터 공급받을 수 있기 때문이다.

기적은 순종에 의해 이루어진다

"예수의 어머니가 예수에게 이르되 저들에게 포도주가 없다 하니"(요 2:3).

자신이 해결할 수 없는 문제를 들고 온 마리아는 예수님께 어찌할지를 물었다. 그러고는 하인들에게 "너희에게 무슨 말씀을 하시든지 그대로 하라"고 말했다.

하인들은 예수님의 친척도, 제자도 아니었다. 단지 잔칫집에서 일을 하는 일꾼이었다. 그런 예수님과 전혀 상관없는 이들일지라도 예수님의 말씀에 순종하자 기적이 이루어졌다. 주님과 오랜 만남이 없는 사람이라 할지라도, 주님과 깊은 교제를 나누지 않은 사람이라 할지라도 순종하면 기적을 체험할 수 있다.

예수님의 말씀에 순종한 하인들은 예수님을 따라다녔던 사람들도, 예수님과 오랫동안 만남을 지속해왔던 사람들도 아니다. 이것은 잔칫집에 함께 온 제자들도 마찬가지였다. 이 시기가 예수님의 공생애 활동 초기였기 때문에 제자들도 아직 예수님과 함께한 지 오래되지 않은, 깊은 교제를 나누지 않았던 시기였다.

말콤 글래드웰Malcolm Gladwell은 자신의 저서《아웃라이어》에서 '1만 시간의 법칙'이라는 개념을 소개했다. 1만 시간의 법칙은 하루 3시간, 주 20시간씩 10년, 1만 시간을 투자하면 누구나 전문가가 될 수 있고, 자신의 분야에서 성공할 수 있다는 개념이다. 우리 속담에도 "서당 개 3년이면 풍월을 읊는다"는 말이 있다. 자신의 분야에서 오랜 시간을 노력하면 누구나 성공할 수 있다.

하지만 신앙생활은 이와 다르다. 교회를 20~30년 다녔다고 믿음이 큰 사람일까? 오랜 신앙생활을 통해 권사, 장로, 목사가 되었다고 믿음이 좋은 것일까? 신앙은 경력이 중요하지 않다. 먼저 된 자가 나중 되고 나중 된 자가 먼저 되는 것이 신앙의 세계다.

교회도 마찬가지다. 역사와 전통은 그 교회가 지금까지 걸어온 길을 보여주지만, 현재의 상태를 보여주지는 않는다. 오래된 교회가 개척한 지 얼마 되지 않은 교회보다 무조건 좋은 것은 아니다. 예수님께 칭찬받는 교회는 그 역사나 전통과는 전혀 상관이 없다. 오직 '얼마나 예수님의 말씀에 순종하는 교회인가'가 중요할 뿐이다.

'무슨 말씀을 하시든지 그대로 한다'는 건 시간의 문제가 아니다. 오래 믿었다고 쉬운 게 아니다. 이제 믿었어도, 오늘 처음 교회에 나왔어도 우리는 하나님 일에 쓰임 받을 수 있는 주인공이 될 수 있다. 하나님은 세상일에 전문가만을 골라서 쓰시지는 않는다. 그 분야에

미숙한 사람이더라도 하나님의 말씀을 믿고 순종하는 사람을 사용하신다는 것을 우리는 성경을 통해 알 수 있다. 이것이 하나님이 일하시는 방법이다.

소년 다윗은 한 번도 전쟁에 나가보지 않았다. 전쟁에 나갈 만한 나이도 되지 않았다. 하지만 그는 전쟁터에서 잔뼈가 굵은 이스라엘의 용감한 장군들이 감히 앞으로 나가지 못하고 머뭇거릴 때에 하나님만 믿고 나아가 적장 골리앗을 쓰러뜨렸다.

믿음 생활을 오래 했다고 하나님의 일을 할 수 있는 것이 아니다. 무슨 말씀이든지 주님의 말씀이라면, 주님이 말씀하시는 것이 내 가슴에 울려 퍼지기만 한다면 오늘 예수를 믿기 시작했더라도 하나님의 일을 이루어갈 수 있다.

조건 없는 완전한 순종

예수님은 공생에 기간 동안 못 걷는 사람을 일으켜 세우시고, 눈먼 자를 뜨게 하시고, 한센병자도 고치시고, 죽은 자까지 살리셨다. 물고기 두 마리와 보리떡 다섯 개로 5,000명을 먹이셨다. 하지만 가나의 이적은 이 모든 기적을 보여주시기 이전의 사건이다.

그 혼인 잔치에 온 사람들은 모두가 예수님의 능력을 경험하지 못한 사람들이었다. 죽은 사람을 살리고, 눈먼 자를 고치셨다는 소문을 들은 사람도 없었다. 공생애 첫 번째 이적의 자리에 있는 사람들은 주님을 신뢰할 만한 경험과 체험이 전무했다. 주님이 능력이 있는 분인지 아닌지 축적된 데이터가 그 자리에는 없었다.

그럼에도 불구하고 하인들은 예수님의 말씀에 그대로 따랐다. 물론 예수님의 능력을 믿어서라기보다는 하인으로서의 책임을 다한 결과일 수도 있다. 하지만 그 과정이 어떠했든지 그들이 예수님의 말씀에 순종하자 '물이 포도주로 변하는 기적'이 일어난 것이다.

통에 물을 부은 것이 자신들인데 그것을 떠 가져다가 연회장에게 주라는 말을 들었을 때 하인들은 얼마나 놀랐을까? 포도주를 주어야 할 사람에게 물을 가져다주라는 말은 상식적으로 납득할 수 없는 일이었을 것이다. 하지만 하인들은 조건도, 의문도 달지 않고 순종했다.

무슨 말씀을 하시든지 그대로 할 수 있는 태도, 이 순종이 지금 내 인생의 남은 삶을 새로운 역사로 열어가게 할 것이다.

인생의 고통스러운 문제 더미 속에 깔려 있다 하더라도 주님이 말씀하시면 당장 순종할 수 있는 준비를 해야 한다. 신앙생활을 시작한 지 얼마 안 되었어도, 내가 기독교 교리도 모르고 성경도 찬송도 어디에 무엇이 있는지도 모르는 신앙 초보자라 하더라도 주님의 말씀이면 무엇이든지 믿고 따르겠다는 결단이 우리에게 필요하다. 그때 우리에게 예수님의 기적의 경험이 있게 될 것이다.

오늘의 본문 _ 요 2:1~11

문제 제기

가짜 그리스도인

그리스도인들 가운데는 교회를 다니고, 예수님은 믿는다고 하면서도 하나님의 말씀과는 무관한 채로 살아가는 사람들이 있습니다. 직분이 있어도 교회를 오래 다녔어도, 삶의 모습에서는 그리스도인인지 세상 사람인지 분간할 수 없는 삶의 발자국을 남기며 살아가는 가짜 그리스도인들이 있습니다.

가끔 우리는 많은 돈을 지불하고 가짜인 줄 모르고 물건을 살 때도 있습니다. 진짜보다 더 정교하고 튼튼해 보이고 아름다워 보이는 가짜가 많기 때문입니다. 그러나 당신이 원하는 물건이 가짜인줄 알면서 많은 돈을 지불하고 그것을 구입할 수 있겠습니까? 하나님도 절대로 그런 분이 아닙니다. 가짜 그리스도인에게 속지 않으십니다. 지금 하나님은 진짜를 찾고 계시고, 하나님의 일을 맡길 만한 진짜 그리스도인을 원하고 계십니다. 그분은 만홀히 여김을 받으시는 분이 아닙니다(갈 6:7). 진정한 그리스도인은 세상의 것을 바라보고 세상 것을 갖기 위해 살아가는 사람이 아니라 하나님의 날을 바라보고 그분의 영광을 위해 하나님이 주신 말씀을 가지고 살아가는 사람입니다. 그렇기에 그 삶은

언제나 순종하는 결단의 삶이 뒤따라야 합니다. 이 장에서는 '말씀' →
'순종' → '기적'이라는 원리에 대해 배울 것입니다.

• 다음의 질문을 서로 나누고 이야기해봅시다.

1. 우리가 세상 속에서 만나는 사람들 가운데 그리스도인을 어떻게
   알아볼 수 있을까요?

2. 하나님은 우리가 그리스도인인지 아닌지를 무엇으로 알아보실
   까요?

3. 당신의 인생에 하나님의 말씀에 순종함으로 경험했던 기적과 같
   은 일들이 있나요?

본문 연구

189쪽 해답 및 해설 참조

① 이 장의 본문에 여러분이 제목을 붙인다면 무엇이라고 하시겠습
   니까? 그리고 그 이유는 무엇인가요?

----

② 본문에 나오는 집은 어떤 집이며 또한 어떤 문제가 생겼나요?(1~3절)

----

③ 예수님의 어머니는 예수님께 무엇을 말했습니까? 그리고 예수님
은 어떻게 대답하셨나요?(3~4절)

④ 예수님의 어머니는 혼인 잔칫집의 하인들에게 무엇을 명하였나
요?(5절)

⑤ 예수님은 하인들에게 어떻게 하라고 하셨습니까?(7~8절)

⑥ 예수님의 말씀을 들은 하인들은 어떻게 행동했습니까?(7~8절)

⑦ 여섯 개의 돌항아리는 용도가 무엇이었습니까?(6절)

⑧ 연회장의 반응과 신랑의 입장은 어떤 것이었나요?(9~10절)

⑨ 제자들의 반응은 어떠했습니까?(11절)

---

⑩ 이 표적은 몇 번째 나타난 표적이었나요?(11절) 그리고 예수님이

마지막으로 보여주신 표적은 무엇인가요?(막 16:9~20)

적용

① 내 인생에서 부족한 것은 무엇인가요? 또한 가장 먼저 보충해야

하는 것은 무엇인가요? 그리고 어떻게 보충할 수 있을까요? -우

리 주변으로 확대(예: 교회, 사회, 나라, 세계 등)

---

② 포도주를 만드는 데 필요한 재료들과 예수님이 쓰신 재료에 대해

이야기해봅시다.

---

③ 오늘 본문에 나오는 등장인물 가운데 나는 어떤 사람으로 예수님 앞에 설 수 있나요?

④ 물이 포도주로 변한 데에 따른 구체적인 변화들은 무엇입니까? 그것은 또한 내게 어떤 의미를 주나요?

⑤ 나의 개인적인 생활에서, 교회 생활에서 아직 하나님 앞에 순종하지 못하고 있는 일들이 남아 있다면 그것은 무엇인가요?

결단

예수 그리스도의 제자는 기적 후에 행동하는 자들이 아닙니다. 그들은 먼저 그리스도의 말씀 앞에 순종의 결단을 내리고, 그렇게 살면서 기적을 만들어냅니다. 여러분의 믿음은 기적만 기다리는 신앙입니까? 순종하는 믿음입니까?

이 장의 말씀을 통해서 나의 신앙과 삶의 자리에서 결단해야 할 것은 무엇인가요?

4장

삶의
방향을
바꾼 만남

······ 6. 거기 또 야곱의 우물이 있더라 예수께서 길 가시다가 피곤하여 우물 곁에 그대로 앉으시니 때가 여섯 시쯤 되었더라 7. 사마리아 여자 한 사람이 물을 길으러 왔으매 예수께서 물을 좀 달라 하시니 8. 이는 제자들이 먹을 것을 사러 그 동네에 들어갔음이러라 9. 사마리아 여자가 이르되 당신은 유대인으로서 어찌하여 사마리아 여자인 나에게 물을 달라 하나이까 하니 이는 유대인이 사마리아인과 상종하지 아니함이러라 10. 예수께서 대답하여 이르시되 네가 만일 하나님의 선물과 또 네게 물 좀 달라 하는 이가 누구인 줄 알았더라면 네가 그에게 구하였을 것이요 그가 생수를 네게 주었으리라 ······ 28. 여자가 물동이를 버려 두고 동네로 들어가서 사람들에게 이르되 29. 내가 행한 모든 일을 내게 말한 사람을 와서 보라 이는 그리스도가 아니냐 하니 30. 그들이 동네에서 나와 예수께로 오더라(요 4:1~30).

대화의 시작

예수님은 유대를 떠나 갈릴리로 가시는 중이었다. 당시에 유대에서 갈릴리로 가는 길은 해변가를 지나서 가는 길, 베뢰아를 통과해서 가는 길, 그리고 사마리아를 통과해서 가는 길 이렇게 세 갈래가 있었다. 사마리아 사람들과 접촉을 꺼려해서 먼 길을 둘러 가는 유대인들을 제외하곤 대부분의 여행자들은 전체 여행의 3분의 1까지도 단축해서 갈 수 있는 사마리아를 통과해서 가는 길을 사용하곤 했다.

예수님도 사마리아를 통과해서 가는 길을 선택하셨다. 낮 12시쯤, 예수님은 갈릴리로 가시는 길에 너무 피곤해서 쉬기를 원하셨다. 그래서 수가라 하는 동네의 우물가에 앉으셨다. 제자들이 먹을 것을 구하러 마을로 흩어져 들어갔을 때 예수님이 앉아 계신 그 우물에 사마리아 여자 하나가 물을 길러 왔다. 예수님은 그 여인에게 물을 달라 청하시며, 대화를 나누셨다.

이 이야기에서 처음 시작할 때와 나중이 달라지는 것이 세 가지가

있다. 첫째는 대화의 주제이고, 둘째는 예수님에 대한 호칭이고, 셋째
는 사마리아 여인의 행동이다.

육체적 목마름에 영적 해갈을 주신 예수님

첫 번째로 생각해볼 것은 대화의 주제가 변하는 모습이다. 예수님
은 사마리아 여인에게 물을 달라고 요청하시면서 생수와 목마름에
대한 이야기를 나누신다(9~15절). 그러다가 여인의 남편에 대해 이야
기를 하고(16~18절), 또다시 예배로 주제가 바뀐다(19~24절). 그리고
마지막으로 대화를 통해 예수님이 메시아이심을 깨달은 여인의 고백
(25~26절)이 나온다.

대화의 주제는 네 가지지만 크게 보면 두 가지로 압축된다. 하나는
물, 남편처럼 육신적인 삶에서 필요한 것들이며 다른 하나는 생수, 예
배로 대표되는 영적인 삶을 채워주고 살려주는 것이다.

우리는 끊임없이 육체적 목마름을 해갈하기 위해 예수님을 찾지만
예수님은 우리의 영적 목마름을 해갈해주시기를 원하신다. 세상의 선
물이 아니라 하나님의 선물을 주기를 원하시는 것이다.

"네가 만일 하나님의 선물과 또 네게 물 좀 달라 하는 이가 누구인
줄 알았더라면 네가 그에게 구하였을 것이요 그가 생수를 네게 주었

으리라"(요 4:10).

세상 사람들은 육체의 필요를 채우는 것으로 삶의 만족을 느끼며 살지만, 하나님의 사람들은 육체적 필요를 넘어 영적 필요를 채우고 영적 생명력을 구하는 삶을 살아야 한다. 하지만 안타깝게도 육신의 것을 채우지 못해 신앙이 흔들리고 교회에서 떠나가는 사람들도 있다. 나는 어떤 것에 목말라 하고 있는가? 영적 갈증보다 육체적 갈증을 채우는 것에 내 삶의 대부분을 소비하고 있는 것은 아닌가?

사마리아 여인은 육적인 갈증을 채우는 것에 매몰되어 살았던 여인이었다. 하지만 아무리 채워도 채워지지 않는 목마름이 그녀의 삶이었다. 그러다 여인은 예수님과의 대화를 통해서 영적인 것에 눈을 떴다. 영적 갈증에 해갈함을 받게 된 것이다.

"이 물을 마시는 자마다 다시 목마르려니와 내가 주는 물을 마시는 자는 영원히 목마르지 아니하리니…"(요 4:13~14).

사마리아 여인은 이 말씀을 붙들었다. 처음에는 이해하지 못했지만, 자신의 과거와 인생을 환하게 들여다보고 계신 주님의 음성을 들으면서 육신의 남편들로부터 받았던 지난날의 상처를 예수님의 위로로 치유받은 것이다. 그뿐만 아니라, 사마리아인으로 살아오면서 하나님을 예배하는 장소가 그리심산이냐, 예루살렘이냐를 따지며 그것이 예배의 본질인 줄 알았는데 예수님을 통해서 장소가 아니라 예배하는 사람들이 어떤 예배를 드려야 하는지가 더욱 중요한 것임을 알게 되었다. 하나님은 영과 진리로 예배하는 자들을 찾고 계시고 모든 예배자는 영과 진리로 예배드려야 함을 깨닫게 되었다.

예수님에 대한 호칭과 여인의 행동 변화

예수님께서 사마리아 여인에게 물을 달라 요청하자 사마리아 여인은 "사마리아 여자가 이르되 당신은 유대인으로서 어찌하여 사마리아 여자인 나에게 물을 달라 하나이까 하니"(9절)라고 대답한다. 여인은 예수님을 가리켜 '당신', '유대인'이라는 호칭을 사용했다. 하지만 11절에서는 호칭이 '주'로 바뀌었고, 19절에서는 "주여 내가 보니 선지자로소이다"라며 '선지자'로 바뀐다. 당신이라는 호칭에서 시작된 관계였지만 사마리아 여인은 예수님과 대화하면 할수록 그분을 알게 되고, 결국 29절에서는 예수님을 '그리스도'로 고백한다.

처음에는 평범한 30대의 유대인 청년인 줄 알았지만 예수님과 대화를 나누면서 이 여인은 예수님의 본질을 알게 된 것이다. 즉, 진정한 의미로 예수님을 만난 것이다.

호칭만 변한 것이 아니다. 행동에도 변화가 생겼다. 사마리아 여인이 우물을 찾은 이유는 물을 긷기 위함이었다. 하지만 그녀는 예수님을 만난 이후 자신의 목적인 물동이를 버려두고 마을로 가서 사람들에게 예수님을 전하기 시작했다.

> "여자가 물동이를 버려두고 동네로 들어가서 사람들에게 이르되 내가 행한 모든 일을 내게 말한 사람을 와서 보라 이는 그리스도가 아니냐 하니 그들이 동네에서 나와 예수께 오더라"(28~30절).

예수를 만난 이들은 모든 것이 변한다. 예수님에 대한 호칭에서부터 행동, 그리고 삶으로 이어지는 변화가 나타난다. 이러한 변화는 단지 사마리아 여인뿐이 아니다. 앞의 1장에서 베드로가 그랬고, 2장의 맹인과 삭개오가 그랬다. 예수님을 진정으로 만난 사람들의 삶은 반드시 변화가 동반된다.

불평등한 사회에서 억압당한 여인을 위로하신 예수님

그렇다면 여인이 물동이를 버려두고 마을 사람들에게 복음을 전한 까닭은 무엇일까?

유교 문화권에서 주로 통용되던 말 중 삼종지도三從之道라는 말이 있다. 삼종三從이란 "결혼하기 전에는 아버지를, 결혼해서는 남편을, 남편이 죽으면 자식을 따라야 한다"는 의미이며,《예기禮記》나《의례儀

《禮》등 유교 경전에 기록되어 있는 말이다.

여성에 대한 사회적 차별은 유교 전통뿐 아니라 유대교에서도 똑같이 나타난다. 탈무드에는 "여자의 충고에 따르는 자는 지옥에 떨어진다"라는 말이 있고, 초대 교부였던 터툴리아누스 Tertulianus 역시 "여자는 지옥으로 가는 문이다"라고 말했다.

지금 세상에서 이 말을 긍정하는 사람은 아무도 없을 것이다. 만일 요즘도 이런 말을 하는 남자가 있다면 아마 여성들에게 성인지 감수성이 부족하다며 엄청난 공격을 당할 것이다. 하지만 2,000년 전 사회에서는 이러한 성차별적 인식이 무척 강했다.

오늘 예수님과의 대화에서 이 여인의 마음을 열게 한 중요한 주제가 바로 여기에 있다.

예수님은 영원히 목마르지 않는 물을 달라는 여인에게 갑자기 남편을 불러오라고 하셨다. 그 말씀에 여자는 "나는 남편이 없나이다"라고 대답했고, 예수님은 "네가 남편이 없다 하는 말이 옳도다. 너에게 남편 다섯이 있었고 지금 있는 자도 네 남편이 아니니 네 말이 참되도다"(17~18절)라고 대응하신다.

이 대화 속에서 우리는 그동안 이 여인의 부도덕성에 초점을 맞추어왔다. 남편을 다섯이나 둔 여인이라는 것이 그 이유다. 그래서 여인은 사람이 잘 드나들지 않는 더운 한낮에 물을 길러 온 것이라고 생각했다. 그러나 조금만 생각해보면, 그 논리가 어색함을 알 수 있다. 요즘 같은 세상에서도 자신의 의지대로 남편을 여러 번 바꾸고 살 수 있는 여자는 흔치 않다. 즉, 자신의 의지에 의해 남편을 바꾼 것이 아니라 자신의 의지와 무관하게 다섯 명의 남편을 두게 된 것이라고 봐야 한다. 낮에 물을 길러 왔다고 이 여자가 부도덕한 여자라고 말하는 것 역시 설득력이 없다. 물이 떨어지면 언제고 물을 길러 와야 하는 것이 그 당시 사마리아 여인들의 형편이었기에 사람들 없는 시간에 한낮에 물을 길러 왔다고 이 여성을 죄인 취급하는 것은 옳지 않다.

이 구절을 다른 번역본에서는 "예수께서 그 여자에게 가서 남편을 불러오라고 하셨다. 그 여자가 남편이 없다고 대답하자 예수께서는 남편이 없다는 말은 숨김없는 말이다. 너에게는 남편이 다섯이나 있었고 지금 함께 살고 있는 남자도 사실은 네 남편이 아니니 너는 바른대로 말하였다"라고 기록되어 있다.

예수님 당시에 여인에게 있어서 남편은 의지의 대상이다. 사랑을 주고받으며 그 남편 하나만을 바라보며 살아가는 그런 대상이다. 어쩌면 한 여인의 인생을 전부 책임진 존재인 것이다. 그런데 왜 이 여인은 남편이 없다고 얘기했을까? 그리고 왜 예수님은 "숨김없는 말이다. 바른대로 말하였다"고 말씀하셨을까?

2,000년 전 예수님 당시에는 남성 중심 사회였다. 사람을 셀 때도 여자는 숫자에도 포함되지 못했다. 당시에 사회 구조에서는 여자가 남자에게 이혼을 요구할 수가 없었다. 만약 이 여인이 정숙하지 못한 여자로 남편 아닌 다른 남자와 부적절한 관계를 맺었다면 이혼을 당

하기 전에 이미 돌에 맞아 죽었을 것이다. 만약 이 여인이 창녀였다면 마을에서 공식적으로 살 수도 없었을뿐더러, 창녀가 메시야를 만났다고 아무리 떠들어도 누구 하나 귀 기울이지 않았을 것이다.

당시 사회 모든 부분에서 여자는 남자와 동등한 대우를 받지 못했던 것을 우리는 기억해야 한다. 구약의 규례에 따르면 남자는 이혼할 권리가 있으나 여자는 없고, 이혼을 요구할 수도 없다(신명기 24장). 여자가 사내아이를 낳으면 1주일 부정하고 여자아이를 낳으면 2주일 부정하다고 했다(레위기 12장). 결혼할 때 남자의 동정 문제는 거론되지 않았지만 여자는 처녀가 아니라고 남편이 고발할 경우 마을 사람들이 돌로 쳐서 죽이기도 했다(신명기 22장). 구약의 규례들은 여자는 도저히 능동적으로 결혼 상대를 고르거나, 파혼을 할 수가 없음을 알 수 있다. 반면 남성의 경우에는 아내가 음식에 양념을 조심 없이 친다든지, 남편에게 십일조를 내지 않은 음식을 먹게 한다든지, 집안에서 큰 소리로 말하거나 쉴 새 없이 말하면 이혼 사유가 됐다. 심지어 자기 아내보다 예쁜 여자를 발견해도 이혼을 요구할 수 있었다.

이런 이유로 남자들로부터 불합리한 이혼을 당한 여인은 상당히 많았을 것이며, 이 사마리아 여인도 이런 잘못된 남성 중심의 사회 속에서 철저하게 유린당하고 한스러운 삶을 살았을 것이다(사마리아인도 모세 5경을 하나님의 말씀으로 지켜왔다).

사마리아 사람들은 또한 유대인들로부터 천성적으로 부정하게 취급당해왔던 사람들이다. 유대인 랍비들의 규정에 따르면 사마리아 여자는 요람에서부터 월경을 했던 자들로 간주하여 항상 부정하게 취급하도록 했다. 그런 여자들과 사는 사마리아 남자들도 당연히 부정해지고, 그들과 닿기만 해도 음식도, 음료수도 모두 부정하게 취급된다.

그러니 유대인인 예수님이 물을 달라 한 것도 이 여인의 인생에는 처음 있는 경험이었을 것이고, 남성 중심의 사회 구조 속에서 비참한 삶을 살아온 이 여인에게 예수님의 말씀은 아픔을 치유해주는 위로의 메시지가 된 것이다.

세상 물이 아니라 생명수를 공급해주시는 주님께로

이 세상 어느 것도 주님이 주시는 생명수와 비교할 수 없다. 인생의 갈증을 해소할 영원한 생명의 물은 이 세상 어느 곳에서도, 누구에게서도 얻을 수 없다. 예수님은 "누구든지 목마른 자는 내게로 와서 마시라(요 7:37)"고 하셨다.

이 여인과 같은 아픈 인생을 살아가고 있는 사람들도, 이 여인처럼 인생의 갈증에 목말라 하며 살아가는 사람들도 주님을 만나면 인생의 갈증을 채우기 위한 물동이를 던져두고 예수 그리스도를 전하는 삶을 살아가게 될 것이다.

세상 욕망을 채우기 위해 세상의 우물가로 나아가는 우리들의 발

걸음을 돌려 영원히 목마르지 않는 생명수를 공급해주시는 예수님께로 옮겨야 한다. 우리 영혼을 책임질 수 없는 불확실한 세상의 것들을 찾아다니는 인생에서 우리의 영원한 소망이시며, 신랑 되신 주님께로 방향을 바꾸는 것이 예수님을 만난 우리 삶의 변화된 모습이다.

오늘의 본문 _ 요 4:1~30
문제 제기

맹인 박사

중학교 시절 날아오는 축구공에 맞아 두 눈을 실명한 사람이 있었습니다. 모든 꿈이 한순간 사라질 위기에 처한 상황에서도 그는 절망하거나 넘어지지 않고 일어섰습니다. 그가 바로 한국 최초의 맹인 박사 강영우입니다.

강영우 박사는 시력을 잃은 뒤 부단한 노력을 통해 국제교육재활교류재단을 설립했고 세계장애위원회 부위원장이 되었으며, 루스벨트재단 고문으로, 백악관 국가장애위원회 정책차관보로 세계 지도자들과 어깨를 나란히 하면서 인류 복지에 기여하는 사람이 되었습니다.

그는 간증을 통해 "나는 예수님을 만났기에 지금의 복을 받고 유명인사가 되었습니다"라고 말했습니다. 예수님과의 만남이 없었다면 그의 인생은 어떠했을까요?

• 다음의 질문을 서로 나누고 이야기해봅시다.

1. 당신의 인생이나 신앙생활에서 새롭게 방향이 바뀌었던 경험이나 사건이 있었나요?

2. 당신은 예수님을 만나고 무엇이 달라졌나요?

본문 연구   200쪽 해답 및 해설 참조

① 본문의 사건은 언제 일어났습니까?(3, 4, 6절)

-----

② 이 여인은 예수님과 자신을 어떻게 구별하고 있나요?(9절)

-----

③ 예수님이 말씀하신 '하나님의 선물'은 무엇인가요?(10절)

-----

④ 여인은 예수님이 말씀하신 생수를 어떻게 이해하고 있었나요?(11,

   15절)

-----

⑤ 16~19절에 나오는 예수님과 여인의 대화 내용을 생각해보면서

   참과 거짓을 답해보시오.

   예수님 : 네 남편을 불러 오라!

여　　인 : 나는 남편이 없나이다. (참 or 거짓)

예수님 : 네가 남편이 없다 하는 말이 옳도다. (참 or 거짓)

너에게 남편이 다섯이 있었고, (참 or 거짓)

지금 있는 자도 네 남편이 아니니, (참 or 거짓)

네 말이 참되도다. (참 or 거짓)

여　　인 : 주여 내가 보니 선지자로소이다.

⑥ 예수님과 여인이 나누는 대화에서 주제의 변화를 찾아봅시다
(10~15, 16~19, 20~24, 25~26절)

⑦ 여인이 예수님을 부르는 호칭의 변화를 찾아봅시다(9, 11, 12, 15,
19, 29절)

⑧ 여인이 예배에 관해서 궁금해 하는 것은 무엇인가요?(20절)

⑨ 예수님이 예배에 관해서 중요하게 말씀하고 계신 것은 무엇인가
요?(21, 23, 24절)

⑩ 메시야이신 그리스도를 만난 여인은 어떻게 달라졌나요?(28, 29, 39절)

- -

적용

① 예수님을 만나고서 내 삶의 자리에서 달라진 것들은 무엇이 있나요?

- -

② 오늘날 여자로서 예수님을 믿으면서 교회 생활에서 차별받는 것들은 무엇이 있으며 어떻게 바꾸어야 할까요?

- -

③ 예수님이 말씀하신 '나의 양식'과 오늘 예수님을 믿는 내가 먹어야 할 '양식'을 생각해봅시다.

- -

④ 수가 성의 복음화 과정을 생각해보면서 오늘 내가 복음화시킬 곳
과 방법을 생각해봅시다.

결단

예수님이 오늘도 만나는 사람은 쓸 만한 어떤 사람이 아닙니다. 그
저 아무것도 아닌 사람, 바로 그런 사람을 찾으시고 만나셔서 쓸모
있고 능력 있게 변화시키기를 원하고 계십니다. 고기 잡던 불학무식
의 베드로와 동족의 돈을 토색하던 세리 마태 같은 이들이 여기에 속
합니다.

건강한 자에게 의원이 필요 없다고 하신 예수님 앞에, 오늘 나의 아
픔과 고통, 그리고 상처를 내어놓고 다정한 치료사이신 예수님을 만
나봅시다.

오늘의 말씀을 통해서 나의 신앙과 삶의 자리에서 결단해야 할 것은
무엇인가요?

5장

절망을
벗는
믿음

…… 22. 회당장 중의 하나인 야이로라 하는 이가 와서 예수를 보고 발 아래 엎드리어 23. 간곡히 구하여 이르되 내 어린 딸이 죽게 되었사오니 오셔서 그 위에 손을 얹으사 그로 구원을 받아 살게 하소서 하거늘 24. 이에 그와 함께 가실새 큰 무리가 따라가며 에워싸 밀더라 25. 열두 해를 혈루증으로 앓아 온 한 여자가 있어 26. 많은 의사에게 많은 괴로움을 받았고 가진 것도 다 허비하였으되 아무 효험이 없고 도리어 더 중하여졌던 차에 27. 예수의 소문을 듣고 무리 가운데 끼어 뒤로 와서 그의 옷에 손을 대니 28. 이는 내가 그의 옷에만 손을 대어도 구원을 받으리라 생각함일러라 29. 이에 그의 혈루 근원이 곧 마르매 병이 나은 줄을 몸에 깨달으니라 30. 예수께서 그 능력이 자기에게서 나간 줄을 곧 스스로 아시고 무리 가운데서 돌이켜 말씀하시되 누가 내 옷에 손을 대었느냐 하시니 31. 제자들이 여짜오되 무리가 에워싸 미는 것을 보시며 누가 내게 손을 대었느냐 물으시나이까 하되 32. 예수께서 이 일 행한 여자를 보려고 둘러 보시니 33. 여자가 자기에게 이루어진 일을 알고 두려워하여 떨며 와서 그 앞에 엎드려 모든 사실을 여쭈니 34. 예수께서 이르시되 딸아 네 믿음이 너를 구원하였으니 평안히 가라 네 병에서 놓여 건강할지어다 35. 아직 예수께서 말씀하실 때에 회당장의 집에서 사람들이 와서 회당장에게 이르되 당신의 딸이 죽었나이다 어찌하여 선생을 더 괴롭게 하나이까 36. 예수께서 그 하는 말을 곁에서 들으시고 회당장에게 이르시되 두려워하지 말고 믿기만 하라 하시고 …… 41. 그 아이의 손을 잡고 이르시되 달리다굼 하시니 번역하면 곧 내가 네게 말하노니 소녀야 일어나라 하심이라 42. 소녀가 곧 일어나서 걸으니……(막 5:21~43).

방전된 인생의 배터리 채우기

언젠가 이웃 교회에 행사를 갔다가 돌아오는데, 차에 시동이 안 걸려서 애를 먹은 적이 있었다. 다행히 교회에서 다른 차가 와서 배터리에 케이블을 연결해 시동을 걸 수 있었는데 며칠이 지나자 또다시 시동이 걸리지 않게 되었다. 결국 오래된 배터리를 교체하고 나서야 자동차는 정상으로 돌아왔다.

자동차를 움직이기 위해서는 전기의 힘이 필요하다. 처음에 스타팅모터를 돌리기 위해서도 전기의 힘이 필요하고, 블랙박스, 내비게이션, 라디오, 히터, 에어컨 모두 전기가 없으면 작동되지 않는다. 그렇기에 배터리가 방전이 되면, 내부 기기의 작동뿐 아니라 시동 자체가 불가능하다. 아무리 자동차에 기름을 가득 채워두었더라도 차를 움직일 수 없는 것이다.

우리도 인생을 살다 보면 아무리 화려한 인생을 살아도, 돈이 많아도, 학식이 뛰어나도 방전된 인생을 경험할 때가 있다. 몸이 고장 나거나, 마음이 고장 나거나, 감정이 고갈되면 시동이 걸리지 않는다.

이럴 때는 예수님을 통해서 우리 인생의 방전된 배터리를 충전하고 새 에너지를 얻어야 한다. 그리고 완전히 새로운 배터리로 교체해 새 인생을 살아야 한다.

2,000년 전 예수님에게 찾아온 사람들도 대부분이 귀신 들린 사람, 병든 사람, 아픈 사람 등 무엇인가 결핍과 부족이 있는 사람들이었다. 그리고 누가 먼저라 할 것 없이 예수님을 만지려고 노력했다. 예수님께로부터 능력이 나와서 모든 사람을 낫게 하기 때문이다(눅 6:19).

사소한 사건이 큰 결과를 일으키다

이 장의 본문에서도 예수님을 만지기만 했는데 고침을 받은 사람에 대한 이야기가 나온다. 예수님이 회당장 야이로의 딸을 고치러 가시는 과정에서 12년 동안 혈루증을 앓는 여인이 예수님을 만지는 사건이 일어났다.

"열두 해를 혈루증으로 앓아 온 한 여자가 있어 많은 의사에게 많은 괴로움을 받았고 가진 것도 다 허비하였으되 아무 효험이 없고 도리어 더 중하여졌던 차에"(25~26절).

이 말씀을 보면 그 여인의 12년의 삶이 얼마나 힘들었는지 잘 드러나고 있다. 이 말씀을 영어 성경으로 보면 "혈루증을 앓아온"이라는 표현은 현재 분사로 되어 있다. 영어에서 현재 분사는 주로 과거에서부터 시작된 어떤 사건이 지금까지 영향을 미치고 있을 때 사용된다. 즉, 12년 동안 고통과 괴로움 속에 있었는데, 지금까지 아무것도 달라진 것이 없다는 것이다. 오히려 점점 더 심해지고 있었다. 가진 재산을 모두 털어서 의사를 찾아가보기도 했으나 소용이 없었다.

그런데 이때 그 여인이 예수님의 옷자락을 만지는 아주 사소하지만 큰 사건이 벌어진다. 여인의 행위 자체는 예수님의 옷자락을 만지는 사소한 것이었지만, 그로 인한 결과는 무척이나 큰 사건이 되었다.

> "예수의 소문을 듣고 무리 가운데 끼어 뒤로 와서 그의 옷에 손을 대니 …… 이에 그의 혈루 근원이 곧 마르매 병이 나은 줄을 몸에 깨달으니라"(27~29절).

그 어디서도 고칠 수 없었던 병이 예수님을 만나고 나서 나은 것이다. 예수님과 관계된 순간부터 그녀의 삶은 완전히 달라졌다. 단지 예수님의 옷자락을 만졌을 뿐인데 12년 동안 해결할 수 없는 고통과 절망이 깨끗이 사라지고 병이 나은 것이다.

그렇다면 어떻게 옷자락을 만지는 사소한 행위가 병을 낫게 하는 결과를 가져왔을까? 예수님의 옷을 만지는 것은 그다지 어려운 일이 아니었다. 수많은 무리가 예수님을 둘러싸고 있으니 누군가 예수님을 만지는 것은 전혀 어려운 일이 아니었다. 혈루증에 걸린 여인뿐 아니라 수많은 사람들이 예수님과 부딪치고, 닿았을 것이다. 하지만 그 많은 사람들 중 고침을 받은 것은 이 여인 하나뿐이었다.

다른 이들과 이 여인의 차이는 믿음에 있었다. '예수님의 옷자락만 만져도 내가 나을 거야'라는 믿음이 여인에게는 있었던 것이다.

누구나 예수님의 옷자락을, 심지어 예수님을 만질 수 있다. 심지어 "누구든지 어린아이들이 내게 오는 것을 막지 말라" 하셨던 말씀처럼 아이들이라면 예수님께 달려와 안길 수도 있다. 그러나 예수님의 능력을 믿고 그 옷자락만 만져도 반드시 치유될 수 있을 거라는 믿음은 누구나 가질 수 있는 믿음이 아니다. 바로 그 믿음이 그녀를 절망에서 건져냈다.

율법과 복음의 차이

레위기 15장에 보면, 당시 유대에서는 여인이 피를 흘리는 병에 걸리면 부정한 것으로 취급을 받았다. 생물학적으로 생리를 하는 그 시기에도 여인들은 부정하게 취급받고 생리가 끝나고 며칠이 지나야만, 그리고 속죄 또 정결 의식을 치려야만 공동체에서 함께 생활할 수가 있었다. 즉, 그 혈루증에 걸린 여인은 그 병이 나을 때까지는 절대로 이스라엘 공동체의 일원이 될 수가 없다. 여인이 피를 흘리는 동안에는 여인이 손을 댄 사람도 똑같이 부정한 취급을 받게 되어 있으며 반대로 누군가가 피를 흘리는 여인에게 손을 대도 마찬가지로 부정하게 취급되기 때문이다.

이렇게 율법적으로 생각해보면 이 여인은 혈루증을 가지고 있기 때문에 부정하다. 그뿐만 아니라 그 여인이 만지는 사람 또한 부정해지기 때문에 그녀는 예수님을 만져서는 안 되었다. 율법 대로라면 그녀가 예수님을 만졌기 때문에 예수님도 부정해진 것이다. 하지만 율법이 아니라 복음으로 이 모습을 해석해보면 완전히 달라진다. 부정한 여인이 예수님을 만지므로 말미암아 더 이상 부정한 여인이 아니라, 깨끗하고 정결한 사람이 된 것이다. 그것이 복음이다.

이 세상 어느 누구도, 어떤 것도 마찬가지다. 아무리 더러워도, 아무리 부정해도, 예수님을 만나는 순간, 예수님을 만지는 순간, 예수님의 옷자락이라도 접촉하는 그 순간 깨끗해질 수 있다. 예수님의 보혈로 우리의 더러운 죄가 완전히 깨끗이 씻기는 것, 그것이 복음이다.

예수님의 능력은 우리를 고치는 것뿐 아니라 우리를 깨끗하게 하며, 다시 새롭게 만들 수 있다는 것이다.

소문이 아니라, 예수님과 만나는 성도

당시 예수님에 대한 소문은 이스라엘 전 지역에 퍼져 있었다. 소문으로 듣던 예수님, 그저 소문으로 끝낼 수도 있었다. 그러나 다른 사람을 고치신 예수님이라면, 나도 고치실 수 있을 것이라고 믿었던 그녀는 예수님에게로 다가갔다. 그리고 여인은 12년의 고통을 깨끗이 치유받는 기적을 체험했다.

예수님의 이야기를 소문으로만 끝내면 예수의 구경꾼으로 남을 수밖에 없다. 당시 예수님 주위에는 수많은 사람이 있었지만 그 가운데 예수님의 능력을 입어 새롭게 된 사람, 고침 받은 사람, 치유받은 사람은 그 여인 하나밖에 없었다.

예수님의 소문을 듣고 몰려든 사람들처럼 그저 예수님을 귀로 듣고, 눈으로 보기만 하는 것은 의미가 없다. 그 예수님과 만나야 하며, 그분을 만져야 하며, 믿음 안에서 그분과 접촉해야 한다. 교회에서 예수님에 대해 보고, 듣고, 배우는 것은 예수님의 소문을 듣는 것과 다름없다. 그 예수님을 온전히 믿고 만나고 체험해야 성경의 이야기가 내 이야기가 되며, 그들의 기적이 내 기적이 되는 것이다.

당시 예수님 주변에 수많은 사람들이 몰렸던 것처럼, 오늘날 교회에도 수많은 사람들이 모여든다. 그런데 과연 오늘 이 순간, 이 자리에서 '내가 예수님을 꼭 만져야지', '그분을 통해 내가 고침을 받아야지', '내가 예수님의 옷자락이라도 만진다면 분명히 나을 거야'라는 믿음을 가지고 온 사람이 몇 명이나 될까? 습관처럼 주일이 되면 교회를 향하는 사람들 속에서 예수님의 능력은 과연 몇 사람에게 나타날 수 있을까?

"내가 그의 옷에만 손을 대어도 구원을 받으리라"(28절)라고 고백한 여인의 믿음이 우리에게도 있어야 할 것이다.

혈루증을 앓는 여인의 믿음과 야이로의 믿음

이 이야기에서 예수님을 먼저 만난 사람은 회당장 야이로였다. 야이로는 자신의 어린 딸이 죽어가자 예수님께 달려와 딸을 고쳐달라고 간청했다.

"간곡히 구하여 이르되 내 어린 딸이 죽게 되었사오니 오셔서 그 위에 손을 얹으사 그로 구원을 받아 살게 하소서 하거늘"(23절).

누가복음 8장에서는 야이로의 딸이 열두 살이며, 외동딸이라고 기록하고 있다. 어린 딸이 거의 죽게 된 상태에서 야이로는 예수님께로 달려온 것이다. 얼마 전 접촉사고가 난 앰뷸런스를 가지 못하게 막아서 응급 환자가 생명을 잃은 사건이 있었다. 119구급차가 와서 환자를 이송해갈 때까지 10여 분의 시간을 지체하게 만든 사건이었다. 접촉 사고의 잘잘못을 떠나 응급 환자를 실은 앰뷸런스를 막아선 택시 기사에 많은 사람들이 공분했고, 또 법적 책임을 물었다.

야이로에게 예수님은 앰뷸런스와 마찬가지였다. 예수님이 도착하면 딸아이가 살아날 수 있다고 믿고 있었기 때문이다. 하지만 얼른 가서 딸아이를 고쳐주셔야 하는데, 예수님은 급하고 위중한 환자를 앞에 두고 혈루증을 앓는 여인 때문에 멈춰 서셨다. 그리고 그녀와 대화를 나누셨다.

예수님과 여인이 대화하는 도중에 하인이 와서 야이로의 딸이 죽었다는 소식을 전했다. 야이로에게는 하늘이 무너지는 것 같은 소식이었을 것이다. 모든 희망을 잃고 슬퍼하는 야이로에게 예수님께서 말씀하셨다. "두려워하지 말고 믿기만 하라"(36절).

딸을 잃은 야이로의 두려움, 절망, 원망이 눈에 보이는 듯하다. 성경에는 기록되어 있지 않지만 야이로는 예수님의 걸음을 막아선 혈루증 앓는 여인을 원망하고, 그 여인 때문에 걸음을 지체한 예수님을 원망했을 것이다.

야이로는 "예수님 제가 그렇게 다급히 요청하지 않았습니까? 죽어가는 제 딸을 고쳐달라고. 그런데 한 여인 때문에 시간을 소비해버리고 내 딸을 죽게 하시다니요. 모든 게 다 끝났는데 이제 와서 두려워 말고 믿기만 하라니요"라고 원망했을지도 모른다.

그렇다면 야이로의 믿음은 딱 거기까지다. 자신의 고통과 절망을 해결하는 데 있어서, 야이로는 12년 동안 고통 속에 있는 혈루증을 앓는 여인과는 다른 믿음을 보여주고 있다. 그 여인은 예수님이 기도해주시지 않아도, 자신의 몸에 손을 대지 않아도, 단지 예수님의 옷자락만 잡아도 나을 것을 믿었다. 즉, 형식적인 조건이 갖추어지지 않아도 예수님의 능력이 일어날 것을 믿었다. 하지만 회당장이었던 야이로는 예수님의 능력이 형식적인 조건을 갖추어야 발휘될 것으로 여긴 것이다. 예수님이 자신의 집에 도착해야만, 딸의 머리에 손을 얹고 기도해야만 나을 수 있을 거라고 여긴 것이다. 또, 살아 있어야 고침을 받을 거라고 여긴 것이다.

하지만 예수님은 그 어떤 형식적 조건도 필요가 없는 분이시다. 병자를 위해서 기도할 때는 반드시 환부 위에 손을 얹었거나 머리 위에 손을 얹는 당시 유대의 전통은 예수님의 능력을 속박할 수 없다. 믿음만 있다면 단지 옷자락 스치는 것만으로도 병자를 고치실 수 있는 분이 예수님이다. 죽은 자도 살려내시는 분이 예수님이시다.

그런 면에서 혈루증을 앓는 여인은 예수님을 전적으로 믿었고, 야이로는 그러지 못했다. 우리의 믿음은 누구와 닮았는가? 야이로처럼 어떠한 형식적 조건하에서만 능력을 발휘하는 예수님을 믿는가 아니면 어떤 상황에서든 어떤 조건에서든 능력을 보이시는 예수님을 믿는가?

야이로의 연약한 믿음에도 불구하고 예수님은 말씀하신다. 그리고 오늘을 살아가며 예수님의 능력에 전적으로 의지하지 못하는 우리에게도 말씀하신다.

"두려워하지 말고 믿기만 하라."

달리다굼, 절망 속에 있는 우리를 향한 예수님의 외침

예수님은 야이로의 딸이 죽었다는 이야기를 듣고서도 그의 집에 도착하셨다. 그리고 많은 사람들의 회의와 의심 속에서 아이가 누워 있는 방으로 들어가셨다. 예수님은 이미 싸늘하게 죽어버린 야이로의 딸을 향하여 "달리다굼, 소녀야 일어나라"라고 명하셨다.

이 '달리다굼'이라는 말은 어쩌면 죽은 소녀가 아니라, 예수님이 손을 얹고 기도하셔야만 해결될 것처럼 믿었던 야이로가 들어야 할 말이 아니었을까? 어느 순간 싸늘하게 식어버린 내 믿음, 그걸 붙잡고 야이로처럼 안타까워하는 그 신앙을 가진 우리가 들어야 할 말이 아니었을까?

우리의 삶에는 내가 원치 않아도, 때로는 먹구름이 몰려오고, 컴컴한 터널을 지나가야 할 그런 시기가 있다. 내가 원치 않아도 때로는 폭풍우와 풍랑이 일어나는 바다 한가운데서 흔들리고 있는 배 같은 그런 인생을 경험할 때가 있다. 고통과 고난의 현장에서 하루하루 힘겹게 버텨내야 할 시기도 있다. 부서지고 깨져버려서 이젠 희망이라고는 찾아볼 수 없는 인생이라고 말하는 순간도 우리에게 찾아올 수 있다.

그러나 그런 인생의 자리에서도 우리 주님은 우리를 만나주신다. 믿음의 줄을 끝까지 놓지 않으면 예수님을 반드시 만난다. 그 줄 저 끝에서 주님이 붙잡고 우리를 당신 앞으로 당겨주시는 놀라운 인생의 변화를 체험할 수 있다.

죽은 열두 살 소녀를 일으키신 예수님이, 12년 동안 고통의 인생이었던 여인을 구원하신 예수님이 이보다 더한 절망과 고통도 승리하게 해주시는 놀라운 역사가 바로 오늘 일어날 수 있다.

이 장의 말씀에서 이름 없이 예수님을 스쳐 지나는 군중처럼 교회를 배회하다 돌아가는 신앙이 아니라 예수님을 만나고자 절실하게 매달리는 신앙인이 되어야 한다. 예수님은 다른 누군가가 아니라 내가 만나야 할 분이다. 우리는 예수님으로부터 듣는 "두려워 말고 믿기만 하라", "네 믿음이 너를 구원하였느니라"라는 말씀을 통해 절망을 벗는 믿음의 사람이 되어야 할 것이다.

오늘의 본문 _ 막 5:21~43
문제 제기

절망적인 인생

인생을 살다 보면 때론 절망의 순간을 비껴갈 수 없는 때가 있습니다. 벗어날 방법도 없는 그런 절망적인 상황을 만날 때, 어떤 사람은 자신의 인생을 포기하기도 하고 또 어떤 사람은 주위 환경과 타인을 원망하기도 합니다. 우리에게도 찾아올 수 있는 인생의 고통 앞에서 그리스도인으로서 우리는 어떤 모습으로 서 있어야 할까요? 우리가 가진 믿음으로 어디까지 견뎌내며 앞으로 나아갈 수 있을까요?

이 장에서는 그리스도인에게 찾아오는 절망과 인생의 고통을 벗어날 수 있는 진리를 보여주고 있습니다. 주님은 우리의 절망 가운데에서도 언제나 늘 우리 곁에 함께 계신다는 것입니다. 나보다 나의 절망을 더 아파하고 안타까워하시면서…….

• 다음의 질문을 서로 나누고 이야기해봅시다.

1. 당신이 정의하는 믿음은 무엇입니까?

2. 조건과 환경에 기초한 믿음과, 하나님의 말씀에 기초한 믿음의 차이는 무엇일까요?

본문 연구

① 바닷가에 계신 예수님께 찾아온 사람은 누구였으며 신분은 무엇이었나요?(22절)

----

② 이 사람의 문제는 무엇이었나요?(23절, 참조 눅 8:42)

----

③ 그가 아픈 딸의 문제를 위해 예수님께 말씀드린 내용은 무엇인가요?(23절)

----

④ 예수님은 회당장의 집에 가는 도중 누구를 만났나요?(24~35절)

----

⑤ 예수님을 만난 그 여인의 문제는 무엇이었나요?(25~26절)

----

⑥ 그녀는 자신의 문제를 어떻게 해결해가고 있나요?(27, 28절)

----

⑦ 예수님이 보이신 반응은 어떤 것이었나요?(30~34절)

---

⑧ 예수님과 여인이 이야기를 나눌 때 회당장에게는 어떤 문제가 발

생했나요?(35절)

---

⑨ 예수님은 그에게 무엇이라고 말씀하셨나요?(36절)

적용

① 나는 어떻게 예수님을 진정으로 알게 되었나요? 누가, 혹은 무엇

도움이 되었나요?

---

② 나의 신앙생활 속에서 가장 큰 절망의 순간을 믿음으로 극복해본

경험이 있다면 언제였고, 무엇이었나요?

---

③ 야이로와 혈루증을 앓는 여인 중 나는 누구의 믿음을 소유하고 싶은가요? 그 이유는?

---

④ 내가 야이로였고 혈루증을 앓는 여인이었다면 나는 어떻게 했을까요?

결단

오늘날 하나님의 말씀을 전하는 사람과 그 말씀을 듣는 사람은 많이 있습니다. 그러나 자신이 전하고 자신이 들은 그 말씀의 능력을 전적으로 믿고 살아가는 사람은 그리 많지 않습니다.

예수님을 믿고 있는데 아직도 내 인생의 문제를 해결하지 못하고 있습니까? 믿음은 '바라는 것들의 실상'이라고 했습니다. 바라는 것은 미래요, 실상은 현재입니다. 믿음은 바로 미래를 현재로 당겨 사는 삶입니다. 그러기에 우리는 천국을 소망하는 삶뿐만 아니라 우리의 믿음으로 미래의 천국을 앞당겨 살 수 있는 것입니다.

오늘의 말씀을 통해서 내가 결단해야 할 것은 무엇인가요?

6장

변화를
알리는
메시지

1. 예수께서 바다 건너편 거라사인의 지방에 이르러 2. 배에서 나오시매 곧 더러운 귀신 들린 사람이 무덤 사이에서 나와 예수를 만나니라 3. 그 사람은 무덤 사이에 거처하는데 이제는 아무도 그를 쇠사슬로도 맬 수 없게 되었으니 4. 이는 여러 번 고랑과 쇠사슬에 매였어도 쇠사슬을 끊고 고랑을 깨뜨렸음이러라 그리하여 아무도 그를 제어할 힘이 없는지라 5. 밤낮 무덤 사이에서나 산에서나 늘 소리 지르며 돌로 자기의 몸을 해치고 있었더라 6. 그가 멀리서 예수를 보고 달려와 절하며 7. 큰 소리로 부르짖어 이르되 지극히 높으신 하나님의 아들 예수여 나와 당신이 무슨 상관이 있나이까 원하건대 하나님 앞에 맹세하고 나를 괴롭히지 마옵소서 하니 8. 이는 예수께서 이미 그에게 이르시기를 더러운 귀신아 그 사람에게서 나오라 하셨음이라 9. 이에 물으시되 네 이름이 무엇이냐 이르되 내 이름은 군대니 우리가 많음이니이다 하고 10. 자기를 그 지방에서 내보내지 마시기를 간구하더니 11. 마침 거기 돼지의 큰 떼가 산 곁에서 먹고 있는지라 12. 이에 간구하여 이르되 우리를 돼지에게로 보내어 들어가게 하소서 하니 13. 허락하신대 더러운 귀신들이 나와서 돼지에게로 들어가매 거의 이천 마리 되는 떼가 바다를 향하여 비탈로 내리달아 바다에서 몰사하거늘 …… 16. 이에 귀신 들렸던 자가 당한 것과 돼지의 일을 본 자들이 그들에게 알리매 17. 그들이 예수께 그 지방에서 떠나시기를 간구하더라 18. 예수께서 배에 오르실 때에 귀신 들렸던 사람이 함께 있기를 간구하였으나 19. 허락하지 아니하시고 그에게 이르시되 집으로 돌아가 주께서 네게 어떻게 큰 일을 행하사 너를 불쌍히 여기신 것을 네 가족에게 알리라 하시니 20. 그가 가서 예수께서 자기에게 어떻게 큰 일 행하셨는지를 데가볼리에 전파하니 모든 사람이 놀랍게 여기더라(막 5:1~20).

거라사의 귀신 들린 사람

5년마다 우리나라 국민을 대상으로 실시하는 복지부 정신질환 실태조사 자료를 보면 우울, 강박, 조현병 등 17개 주요 정신질환 유병률이 25.4퍼센트에 달한다고 한다. 이 중 알코올 의존·남용 유병률이 12.2퍼센트로 가장 높았다. 또한 인구 10만 명당 자살률은 26.6명으로 세계에서도 최상위권에 속한다.

내가 아는 사람들 가운데에도 불안장애의 일종으로 갑자기 극도의 두려움과 불안을 느끼며 때로는 극심한 공포까지 느끼는 공황장애를 앓는 사람들이 있다. 여러 해 전 상담을 한 청년은 한동안 만나지 못했는데, 얼마 전 찾아와 자신이 공황장애로 병원에 입원까지 해야 했다는 말을 했다. 우리는 뉴스를 통해서 많은 유명인들이 우울증이나 공황장애 등의 정신질환으로 고통받고 있다는 소식을 듣기도 한다. 정신적인 질병은 정신만 피폐하게 만드는 것이 아니라 육신적인 삶도 무력하게 만들고 자신감도 상실하게 만들고 정상적인 생활을 하지 못하게 만든다는 것을 우리는 간과해서는 안 된다.

마가복음 5장을 살펴보면 예수님이 갈릴리 호수를 건너서 거라사 지방에 도착했을 때에 무덤 사이에 거처하던 귀신 들린 한 사람이 나아와 예수님을 만난다. 거라사 지방은 갈릴리 호수 동남쪽에 위치해 있던 지역으로 바위나 석회석을 깎아서 만든 무덤들이 있었고, 자연 동굴로 이루어진 무덤들이 공동묘지로 사용되고 있었다. 그래서 당시에 정상적인 생활을 할 수 없는 범죄자나 정신이상자들이 그곳을 피신처로 사용하기도 했다.

이 귀신 들린 사람은 "이제는 아무도 그를 쇠사슬로도 맬 수 없게"(3절) 되었고, "여러 번 고랑과 쇠사슬에 매였어도 쇠사슬을 끊고 고랑을 깨뜨렸"고, "그리하여 아무도 그를 제어할 힘이"(4절) 없게 되었다고 말한다. 상태가 점점 호전된 것이 아니라 나빠진 것이다. 예전에는 동네 사람들이 그를 제어하기도 했고 쇠사슬로 묶어서 피해를 주지 않게도 했지만 이제는 그것도 소용없게 되었다. 또한 지금은 "밤낮 무덤 사이에서나 산에서나 늘 소리 지르며 돌로 자기의 몸을 해치고"(5절) 있었다. 그리고 그는 무덤 사이에 거처하고 있었다. 이 말은 그가 소외된 인생을 살고 있고, 사람들로부터 단절된 인생을 살아가고 있다는 것을 알려준다. 이 사람에게도 가족이나 친구, 이웃이 있었을 것인데, 지금은 아무도 그의 곁에 없다.

1950년 미국의 사회학자 데이비드 리스먼David Riesman이 《고독한 군중 The Lonely Crowd》이라는 책에서 군중 속에서 고독을 느끼는 현시대의 모습을 지적한 것처럼, 현재 우리는 풍요로운 세상에서 수많은 사람들과 더불어 살아가면서도 단절과 소외를 느끼며 '고독'과 '외로움' 때문에, 정신적인 혼란과 아픔을 겪기도 한다.

2000년 전과 지금의 환경은 다르겠지만 오늘날 우리들도 무덤 사이에서 살아가는 이 사람처럼 타인과 세상으로부터 단절된 상태로 고독한 인생을 살아가는 사람들이 많지 않은가? 그러고 보면 이 이야기는 2000년 전의 특정한 누군가의 이야기가 아니라 오늘 우리들의 이야기이며, 우리 가족, 내 이웃의 이야기도 될 수 있다.

왜 저를 간섭하십니까?

이 귀신 들린 사람이 예수님을 만나는 이야기를 살펴보자. 마가복음 5장 6절을 보면, 예수님이 거라사에 도착하게 되었을 때 "그가 멀리서 예수를 보고 달려와 절하며"라고 기록되어 있다. 이 구절은 우리가 상식적으로 이해할 수 있는 구절이 아니다. 그는 귀신 들린 사람이다. 사탄의 권세에 눌려 있는 상태다. 예수님을 만나면 당연히 예수님과 더 멀리 떨어져 있어야 안전하다. 그런데 오히려 예수님 앞에 달려 나왔고, 절을 한다. 그것뿐인가? 5장 7절에서는 "큰 소리로 부르짖어 이르되 지극히 높으신 하나님의 아들 예수여"라고 외치며 예수님을 하나님의 아들로 고백하고 있다. 그러나 그가 아무리 멀리서 달려와도, 예수님 앞에 무릎을 꿇고 절을 해도, 하나님의 아들 예수여

라고 고백을 한다 해도 우리는 이 모습이 예수님을 반기는 모습이 아닌 것을 알 수 있다. 그다음에 그가 하는 말에 귀를 기울여보면 그 까닭을 알 수 있다.

"나와 당신이 무슨 상관이 있나이까? 나를 괴롭히지 마옵소서."

관용적인 표현이기는 하지만 이 말은 우리에게 굉장히 중요한 깨달음을 준다. 나와 당신이 무슨 상관이 있습니까? 그가 달려와서 절을 하고 '지극히 높으신 하나님의 아들 예수여'라고 외쳐도 그의 본심은 '당신과 나는 상관이 없는데 왜 내게 왔느냐'는 것이다. 마귀는 하나님을 누구보다 더 잘 안다. 마귀는 영적인 존재다. 하나님의 천사였던 루시퍼가 교만해 타락했고, 사탄이 되고 마귀가 되었다. 그리고 감히 하나님의 자리를 넘보고 하나님을 대적했다. 그러나 하나님을 이길 수 없었다. 이미 마귀는 하나님의 천사들과의 전쟁에서 패해 땅으로 떨어졌고, 쫓겨났다. 이후 마귀는 자신의 전략을 바꿨다. 하나님과 정면승부를 하지 않고, 하나님의 형상대로 만들어진 하나님의 백성들을 아담 때부터 지금까지 계속 유혹해서 하나님과 관련 없는 사람으로 만드는 것이다. 하나님을 찬양하는 하나님의 백성들이 아니라 세상의 욕심과 욕망, 더러움과 악한 것에 물들어서 사탄의 왕국을 이 땅에 세우려고 한다. 한 영혼이라도 더 하나님과 관계없는 사람으로 만들어 자신의 욕망과 즐거움을 위해 살도록 바꾸는 것이 사탄의 전략이다.

귀신 들린 그 사람은 예수님을 "하나님의 아들 예수여"라고 고백하지만 그가 정말로 하려고 했던 말은 '나와 당신은 상관이 없다'는 말이다. 나를 괴롭히지도 말고, 내 인생에 관여하지 말라는 것이다. 다른 역본에서는 이 표현을 "왜 저를 간섭하십니까?"라고 번역했다. 우리는 어떤가? 하나님을 예배하고 교회에 다니면서 얼마나 예수님과 친밀하게 살아왔는가? 내 자신뿐만 아니라, 우리 가정, 우리 교회는 얼마나 예수님과 교제하며 지내왔는가? 예수님이 당신의 인생에 어느 부분까지 간섭하고 계신가?

우리가 하나님의 백성이라면 우리 인생 모든 부분과 삶의 모든 영역에 하나님의 간섭이 미쳐야만 한다. 부부든, 가족이든, 직장과 사업의 모든 자리에서든 마찬가지다. 더 나아가, 당신의 삶의 은밀한 영역까지도 예수님이 간섭해 들어오셔야만 한다. 내 마음속 깊은 곳까지 들어오셔서 나와 더 친밀하게 하나가 되셔서 동행해주셔야 한다.

그러나 사탄은 이것을 원하지 않는다. 오늘도 변함없이 하나님과 상관없는 존재로 살도록 아담 때부터 지금까지 방해하고 있다. 세상에서 더 아름다운 것을 찾아서, 우리를 넘어뜨릴 만한 커다란 것들을 손에 들고 다가와 하나님의 간섭에서 벗어나기를 원하도록 유혹하고 있다. 그래서 사도 바울은 "유혹의 욕심을 따라 썩어져 가는 구습을 좇는 옛 사람을 벗어 버리고 하나님을 따라 거룩함으로 지으심을 받은 새 사람을 입으라"고 외쳤으며, 에베소서 4장 27절에서는 "마귀로 틈을 타지 못하게 하라"고 명령한다.

나 한 사람이 아닌 '우리'의 영적 수준

이 이야기에서 예수님과 마주한 귀신은 자기를 그 지방에서 내보내지 말아달라고 간구한다. 이상하지 않은가? 예수님이 귀신을 그 사람에게서 나오라고 명령하셨다면 귀신은 "이 사람에게서 나를 내보내지 마십시오"라고 하는 것이 상식적인데, 이 귀신은 그 지방에서 자신을 내보내지 말아달라고 예수님께 말하고 있다. 예수님이 귀신의 이름을 물었을 때, 귀신은 자신의 이름을 군대라고 말한다. 헬라어로 '레기온'이라는 단어가 쓰였는데, 이는 군대 규모로 여단급에 해당한다. 로마 군대 여단의 숫자는 대략 4,000~6,000명 정도였으니 많은 귀신이 이 사람에게 들어갔다고 할 수 있다. 이름을 말하고 그다음에 하는 말이 우리가 많다고 말하는 것을 보면 이해할 수 있다. 그리고 그 귀신들이 이 지방에서 내보내지 말아달라고 예수님께 간청한 이유는 그 사람이 아니어도 그 지방에 자신들이 들어가서 주인 노릇 할 사람이 많다는 것이다. 거라사 도시를 그 귀신이 점령하고 있었던 것이다. 이 귀신의 말을 통해서 우리는 거라사 지방의 영적인 수준이 어떠한지 알 수 있다. 실제로 이 지방 사람들의 모습을 보면, 귀신 들렸던 사람이 정상이 되어 옷을 입고 예수님 앞에 앉은 것을 보는데 그들의 반응은 기쁨보다는 두려움이 먼저였고(15절), 예수님께 그 지방에서 떠나달라고 요구하고 있는 모습(17절)을 볼 수 있다. 어느 누구도 제어하지 못해 위험했던 귀신 들린 그 사람이 정상이 되었으니 기뻐하고, 귀신을 내쫓으신 예수님께 감사드리는 것이 당연할 텐데, 오히려 예수님을 자신들의 마을에서 내쫓고 있다. 그 이유는 예수께서 귀신을 내쫓을 때 귀신이 2,000마리의 돼지에 들어가 바다에서 몰살했기 때문이다. 즉, 그들은 한 영혼이 고침 받고 정상이 된 것보다 자신들이 손해 본 2,000마리의 돼지를 더 중요시한 것이다.

마귀는 내 삶의 자리, 내 삶의 영역을 장악하고 들어와 영적인 빈곤한 인생을 살도록 한다는 것을 잊지 말아야 한다. 마귀는 교회 안에도 들어올 수 있다. 예수님의 열두 제자인 가룟 유다 속으로도 마귀가 들어갔다고 요한복음은 기록해 주고 있지 않은가? 지금 마귀는 그 한 사람을 보고 들어온 것이 아니다. 마귀는 이 동네, 이 지방의 영적 수준을 보고 들어온 것이다.

우리의 영적인 수준은 어떤가? 당신 개인 신앙의 영적인 수준은 어떻고, 가정의 영적인 수준은 어떤가? 당신이 출석하고 있는 교회의 영적 수준은 어떤가?

데가볼리를 향하여

거라사 지방 사람들의 요구대로 예수님이 떠나시려고 하자 귀신 들렸던 사람이 찾아와 자기도 예수님과 함께 있게 해달라고 청한다(18절). 그러나 예수님은 허락하지 않으시고 그에게 집으로 돌아가서

"주께서 네게 어떻게 큰일을 행하사 너를 불쌍히 여기신 것을 네 가족에게 알리라"고 명령하신다. 그리고 20절을 보면, "그가 가서 예수께서 자기에게 어떻게 큰일을 행하셨는지를 데가볼리에 전파"하였고, "모든 사람이 놀랍게 여기더라"고 이야기는 끝을 맺는다. 예수님은 "네 가족에게 알리라"고 하셨는데 이 사람은 데가볼리에 가서 전파했고, 모든 사람이 놀랍게 여기게 되었다는 것이다. '데가볼리'는 '데카(Δεκα, 열 개)' '폴리스(πολις, 도시)'라는 단어의 합성어로 거라사, 가다라, 다메섹, 빌라델비아, 스키도폴리스, 힙포스, 펠라, 라파나, 디오스, 가나다, 도합 열 개 도시로 이루어진 지역을 가리킨다. 다시 말하면 이 사람은 자기 가족에게만이 아니라, 갈릴리 호수 근처에 있는 열 개의 도시를 다 돌아다니며 주님이 자기에게 하신 일을 전했다는 것이다. 주님과 함께하지는 못했지만 그는 주님이 말씀하신 것 이상을 감당하는 전도자가 되었다. 또 한 가지 주목해야 할 것은 마가가 그에게 사용하고 있는 '전파하다'라는 동사다. '케뤼소κηρύσσω'라는 이 단어를 마가는 세례 요한이 예수님을 전파할 때(막 1:7)와 예수님이 승천하시기 직전 제자들에게 마지막 위임 명령을 하실 때(막 16:15)에도 사용했다. 예수님은 이 사람에게 단순히 '알리라아팡겔로, απαγγέλλω, tell, report'고만 말씀하셨는데, 이 사람은 이 도시, 저 도시를 다니며 전파했던 것이다. 복음을 전할 때 쓰는 '전파하다'라는 동사가 쓰인 것은 바로 이 사람이 자신에게 일어난 사건 속에서 사람들에게 알리고자 힘쓴 것은 자신이 아니라 예수님이었다는 사실을 알 수 있다.

복음은 무엇인가? 예수님의 말씀처럼, "주께서 네게 어떻게 큰일을 행하사 너를 불쌍히 여기신 것을" 전하는 것이다. 나를 변화시킨 예수, 십자가에 죽기까지 나를 사랑하신 예수, 내 모든 죄와 허물을 십자가의 보혈로 다 씻어주시고, 거룩하게 하셔서, 하나님의 자녀로 삼아주신 그 예수님을 전하는 것이다. 그는 자신에게 일어난 기적 사건이 아닌, 자신의 모든 삶을 새롭게 변화시키신 예수님을 복음으로 전하고 있는 것이다.

오늘 우리 또한 주님이 말씀하신 마지막 명령을 붙들고, 우리 인생의 데가볼리를 향하여 나아가기를 소망한다. 과거에는 죽을 수밖에 없는 인생이었는데, 돌을 들어서 자기 몸을 쳐가며 계속해서 죽어가는 삶이었는데, 어떤 사람도 제어할 수 없는 막강한 힘을 가지고 남들에게 피해를 주며 살았던 사람이었는데, 사탄이 자신의 인생의 주인 노릇하게 만들며 어둠 속에서 살아가던 그런 인생이었는데, 그런 사람이 예수님을 만나서 놀랍게 변화되고 소망을 얻은 것처럼, 우리도 그런 변화된 삶의 메시지를 들고 데가볼리를 향하여 나아가자.

오늘의 본문 _ 막 5:1~20
문제 제기

어떤 관계

사람들은 수많은 관계를 맺고 살아갑니다. 사업 관계, 친구 관계, 가족 관계, 교우 관계. 그중에서도 가장 중요한 것은 절대자이신 하나님과의 관계입니다. 어떤 사람들은 하나님의 존재를 인정하지 않아 그런 관계에 대해서 생각할 필요가 없다고 말하지만 이 세상의 어떤 관계보다 하나님과의 관계는 우리 인생의 목적과 방향을 분명하게 찾아주기에 더 없이 소중한 것이라 할 수 있습니다.

"나와 당신과 무슨 상관이 있나이까?" 거라사의 귀신 들린 사람이 예수님에게 한 말이지만 사실 우리도 하나님을 믿기 전 이처럼 살았던 것은 아닐까요? 하나님 없이도 잘 살 수 있다고 생각하던 삶이 바로 우리의 삶이었습니다. 그러나 이제는 예수님의 십자가 때문에 우리는 하나님과 가장 가까운 관계가 되었습니다. 거라사 귀신 들린 사람의 이야기를 통해 우리 자신을 다시 되돌아봅시다.

• 다음의 질문을 서로 나누고 이야기해봅시다.

　1. 당신이 살아가는 인생에서 주님과 관계되어 있다고 생각하는 것

들은 무엇이 있나요?

2. 주님과 더 깊은 관계가 되려면 어떤 일을 가장 우선순위에 두어야 할까요?

본문 연구

217쪽 해답 및 해설 참조

① 배에서 내리신 예수님은 거라사에서 누구를 만나셨나요?(2절)

---

② 이 사람의 생활은 어떠했나요?(3~5절)

---

③ 그가 예수님을 처음 만나서 한 말과 그 말의 본뜻은 무엇인가요?(7절)

---

④ 이 사람에게 들어간 귀신의 이름은 무엇이며 예수님에게 바라고 있는 것은 무엇인가요?(9~10절)

---

⑤ 귀신 들린 사람이 고침을 받은 사건 이후 거라사 지방의 사람들의 반응은 어떠했나요?(15~17절)

---

⑥ 귀신 들렸던 사람은 예수님에게 무엇을 청했나요?(18절)

---

⑦ 예수님이 이 사람에게 요구하신 것은 무엇이었나요?(19절)

---

⑧ 예수님의 명령을 받은 이 사람은 어떻게 하였나요?(20절)

적용

① 귀신 들린 사람의 삼각관계(예수님-귀신 들린 사람-귀신)를 보면서 내 인생의 삼각관계(예수님-나-무엇? 누구?)에 대해 생각해보십시오.

---

② 예수님은 나와 무슨 상관이 있나요?(7절 참조)

③ 내 생활과 영역의 영적 지수는 어떤가요?(10절 참조)

④ 나는 예수님을 믿은 후 어떻게 가족과 이웃에게 예수님을 증거했
나요?(19절; 벧전 3:15 참조)

⑤ 내가 전도한 사람의 수와 이름을 한 번 기록해봅시다.

⑥ 오늘 내 삶의 자리에 내가 가야 할 데가볼리는 어디인가요?(20절
참조)

결단

예수님을 만난 사람들은 분명한 흔적이 있어야 합니다. "주께서 네게

어떻게 큰일을 행하사 너를 불쌍히 여기신 것"을 확실히 알고 있어
야 하고 또한 담대하고 기쁘게 전할 수 있어야 합니다. 내 인생의 변
화의 메시지가 말보다는 삶으로 다른 사람들에게 들려져야 하고 보
여져야 합니다.

오늘도 예수님은 내 인생이 거하고 있던 거라사에서 나를 만나주시고
나를 새롭게 변화시키셔서 세상을 향해 외치기를 원하십니다. 내가
찾아나서야 할 내 인생의 '데가볼리'를 향해 힘차게 달려 나갑시다.

오늘의 말씀을 통해서 내가 결단해야 할 것은 무엇인가요?

7장

하나님의
영광을 위한
목적

1. 예수께서 길을 가실 때에 날 때부터 맹인 된 사람을 보신지라 2. 제자들이 물어 이르되 랍비여 이 사람이 맹인으로 난 것이 누구의 죄로 인함이니이까 자기니이까 그의 부모니이까 3. 예수께서 대답하시되 이 사람이나 그 부모의 죄로 인한 것이 아니라 그에게서 하나님이 하시는 일을 나타내고자 하심이라 4. 때가 아직 낮이매 나를 보내신 이의 일을 우리가 하여야 하리라 밤이 오리니 그 때는 아무도 일할 수 없느니라 5. 내가 세상에 있는 동안에는 세상의 빛이로라 6. 이 말씀을 하시고 땅에 침을 뱉어 진흙을 이겨 그의 눈에 바르시고 7. 이르시되 실로암 못에 가서 씻으라 하시니 (실로암은 번역하면 보냄을 받았다는 뜻이라) 이에 가서 씻고 밝은 눈으로 왔더라 8. 이웃 사람들과 전에 그가 걸인인 것을 보았던 사람들이 이르되 이는 앉아서 구걸하던 자가 아니냐 9. 어떤 사람은 그 사람이라 하며 어떤 사람은 아니라 그와 비슷하다 하거늘 자기 말은 내가 그라 하니 10. 그들이 묻되 그러면 네 눈이 어떻게 떠졌느냐 11. 대답하되 예수라 하는 그 사람이 진흙을 이겨 내 눈에 바르고 나더러 실로암에 가서 씻으라 하기에 가서 씻었더니 보게 되었노라(요 9:1~11).

광복절 노래

1949년 11월, 대대적인 현상 공모를 통해 국경일과 관련한 노래들의 가사 공모가 실시되었다. 삼일절, 제헌절, 광복절, 개천절, 새해의 노래, 공무원 노래의 가사를 공모했는데, 교육자이자 역사학자였으며, 일제 치하에서 민족주의 운동을 했던 정인보 선생의 노랫말이 삼일절, 제헌절, 광복절, 개천절 네 개 부문에서 채택되었다. 그중 광복절 노래의 내용은 다음과 같다.

1절

흙 다시 만져보자 바닷물도 춤을 춘다 / 기어이 보시려던 어른님 벗님 어찌 하리

이날이 사십 년 뜨거운 피 엉긴 자취니 / 길이길이 지키세 길이길이 지키세

2절

꿈엔들 잊을 건가 지난 일을 잊을 건가 / 다 같이 복을 심어 잘 가꿔
길러 하늘 닿게

세계의 보람될 거룩한 빛 예서 나리니 / 함께 힘써 나가세 함께 힘

써 나가세

요한복음 9장에는 예수님을 만나 눈을 뜨게 된 맹인의 이야기가
나온다. 가끔 아파트 주차장에서 주차해놓은 차까지 눈을 감고 얼마
나 가까이 갈 수 있나 걸어보는데, 얼마 못 가서 불안해서 눈을 뜨게
된다. 빛이 없는 세상을 산다는 것, 컴컴한 인생을 산다는 것, 얼마나
답답하고 불안한 것인가. 이 모습이 일제 강점기에 우리 민족의 모습
이기도 했다. 광복절 노랫말에, "이 날이 40년 뜨거운 피 엉긴 자취니"
라는 구절은 40년 일제 치하에 얼마나 많은 순국선열들의 피가 이 땅
에 뿌려졌는가를 상기시켜준다. '세계의 보람될 거룩한 빛 예서 나리
니'라는 구절도, 이제까지 일제 강점기가 빛이 없는 암흑과 같은 세상
이라면 광복과 더불어 거룩한 빛을 내는 민족, 세계 역사에 영향을 줄
수 있는 민족이 되자는 소망이 담겨 있다.

요한복은 9장의 이야기에서 예수님을 만난 맹인에 대한 설명을 보
면, 1절 "날 때부터 맹인 된 사람(빛이 무엇인지 모르고 컴컴함 속에 사
는)", 8절 "그가 걸인인 것을 보았던 사람들이 이르되 이는 앉아서 구
걸하던 자가 아니냐(경제적 고통과 어려움에 하루하루 살아가는)", 18절

"유대인들이 그가 맹인으로 있다가 보게 된 것을 믿지 아니하고 그 부모를 불러 묻되(부모가 있어도 어떤 도움도 받을 수 없는 절망스러운 처지)"등 이 사람의 인생이 얼마나 비극적이었는지를 알 수 있다.

예수님의 시선과 사람들의 시선

그 사람이 오늘 예수님을 만났다. 어떻게 만날 수 있었을까 "예수께서 길을 가실 때에 날 때부터 맹인 된 사람을 보신지라"(1절)라는 말씀에 있는 '보신지라'라는 동사는 예수님이 의지적으로, 능동적으로 주목하여 보신다는 뜻을 가지고 있다. 즉, 길을 가다 맹인을 발견한 예수님은 시선을 그에게서 뗄 수 없었다. 사랑과 연민으로 특별한 관심을 갖고 그를 보셨다. 그러니 그를 그냥 지나치실 수 없으셨다. 맹인이 예수님을 만난 것은 그의 의지가 아니라, 예수님의 의지 때문인 것이다. 여기에서 우리는 하나님의 은혜를 알게 된다. 우리를 향해서도 마찬가지였다.

"하나님의 사랑이 우리에게 이렇게 나타난 바 되었으니 하나님이 자기의 독생자를 세상에 보내심은 그로 말미암아 우리를 살리려 하심이라 사랑은 여기 있으니 우리가 하나님을 사랑한 것이 아니요 하나님이 우리를 사랑하사 우리 죄를 속하기 위하여 화목 제물로 그 아들을 보내셨음이라"(요일 4:9~10).

위의 말씀처럼 사도 요한은 하나님이 우리를 사랑하신 것이지 우리가 하나님을 사랑한 것이 아니라고 말한다.

예수님이 이 눈 먼 사람을 연민과 사랑으로 관심 두고 보신 것과는 달리 곁에 있었던 제자들은 그를 죄인 취급했다.

"제자들이 물어 이르되 랍비여 이 사람이 맹인으로 난 것이 누구의 죄로 인함이니이까 자기니이까 그의 부모니이까"(요 9:2).

한 사람의 비극적인 인생을, 자신의 힘으로는 어찌할 수 없는 태생적 아픈 현실을 타인인 제자들은 죄 때문이라고 보고 있는 것이다. 이러한 사고방식은 당시 유대인들이 가진 보편적 생각이었다. 출애굽기 20장을 살펴보면 하나님은 모세에게 십계명을 주시면서 이런 말씀을 덧붙이셨다. "나를 미워하는 자의 죄를 갚되 아버지로부터 아들에게로 삼사 대까지 이르게 하거니와", 그리고 출애굽기 34장에서 두 번째 돌판을 만들어주시면서도 이렇게 말씀하신다. "아버지의 악행을 자손 삼사 대까지 보응하리라."

이스라엘 백성들은 이 율법서의 말씀을 근거로 장애를 가지고 태어나는 사람이나 후천적으로 장애를 입은 사람, 그리고 큰 병에 걸린 사람은 부모나 자신이 죄를 지었기 때문이라고 생각했다. 복음이 아니라, 율법의 잣대를 들이대면 나 아닌 다른 사람을 정죄하고 비판하기 쉽다. 신앙생활을 하면서 우리도 그럴 때가 많다. 자신은 복음으로, 하나님의 선물로, 예수 그리스도의 십자가의 은혜로 죄를 용서받고 하나님의 자녀가 되었으면서, 남에게는 복음이 아닌 율법을 들이대고, 상대방의 흠결과 죄를 들춰내며 정죄하고 비판하려고 할 때가 있지 않은가? 지금 제자들이 그렇다.

예수님을 만나 눈을 뜬 맹인이 마을로 돌아오자 사람들은 이렇게 말한다.

"이웃 사람들과 전에 그가 걸인인 것을 보았던 사람들이 이르되 이는 앉아서 구걸하던 자가 아니냐"(요 9:8).

예수님이 그의 눈을 뜨게 해주셨다. 그런데 그를 알고 있는 이웃 사람들은 여전히 그를 과거의 걸인으로만 보려고 한다. 앞을 못 보기에 남에게 구걸하던 어제의 그 사람으로만 보고 있다. 지금 그의 변화된 모습에 집중하는 것이 아니라 자신들의 기억 속 맹인의 모습만 주목한 것이다. 절대로 그의 인생은 변화될 수도 없고, 달라질 수도 없을 거라는 생각 때문이다. 우리도 누군가를 바라볼 때, 그의 과거나 현재의 모습만 보고, 미래를 보지 못하는 경우가 많다. 우리 자신을 볼 때도 마찬가지다. 과거 때문에 비관하고, 초라한 현재 모습 때문에 절망하고 포기하려고 한다. 나 자신에게도 그럴 때가 많다.

하나님이 하시는 일

제자들이 예수님에게 그의 장애가 누구의 죄 때문이냐고 물었을 때, 예수님은 "이 사람이나 그 부모의 죄로 인한 것이 아니라 그에게서 하나님이 하시는 일을 나타내고자 하심이라"(요 9:3)라고 말씀하셨다. 하나님의 일을 그에게서 나타내고자 하신다는 것이다. '나타내다'는 의미의 '파네로오 φανερόω'는 '알게 하다', '보여주다'라는 뜻을 가지고 있다. 예수님은 이 맹인의 삶에도 하나님이 보여주실 일이 있다고 말씀하신다. 태어날 때부터 암흑 속에 있었으며, 여전히 자신의 힘으로는 바꿀 수 없는 불행한 인생을 살고 있는 이 사람에게 하나님이 하시는 일이 나타날 것이며, 이 사람의 인생을 통해서 사람들에게 보여주실 하나님의 특별한 메시지가 있다는 것을 예수님은 말씀하신다. 사람들은 여전히 그의 과거에 집중하고, 현재의 비극을 바라보지만, 예수님은 그의 미래를 보고 계신 것이다.

내 과거가 어떠했든지, 지금 현재 내가 어떤 환경에 처했든지, 내가 섬기는 교회가 어떤 모습이든지 간에 하나님은 나를 통해서도 하나님의 일을 세상에 보여주실 분이시다. 또한 우리의 미래가 하나님의 손에 있다면 반드시 그 미래는 축복의 미래가 될 것이다. 내 인생에도 하나님이 이 세상에 펼쳐 보이실 놀라운 역사가 있고, 나의 삶에도 세상을 깜짝 놀라게 할 하나님의 일이 나타나게 될 것이라는 것을 기대하고 믿는 사람이 되자. 예수님이 맹인을 바라보시고 그의 미래를 제자들에게 이야기해주시는 것처럼 우리에게도 그렇게 말씀하고 계시는 것을 들을 수 있다면, 우리에게도 그렇게 하나님의 일이 이루어질 것이며 세상이 놀랄 만한 역사가 펼쳐질 날이 반드시 찾아올 것이다.

우리가 해야 한다

그다음 예수님이 제자들에게 하신 말씀을 주목해보자.

"때가 아직 낮이매 나를 보내신 이의 일을 우리가 하여야 하리라 밤
이 오리니 그 때는 아무도 일할 수 없느니라"(요 9:4).

이 말씀에서 두 가지 내용을 주목해보자. 첫째는 아직 낮이며 아무도 일할 수 없는 밤이 오고 있다는 사실이며, 둘째는 나를 보내신 이의 일을 우리가 반드시δεῖ 해야 한다는 사실이다.

예수님은 맹인의 눈을 뜨게 해주면서 이것을 제자들에게 주시는 교훈과 연결시키고 있다. 아니 제자들만이 아니라, 예수님의 제자가 되고자 하는 우리에게도 해당되는 말씀을 하고 계신다. 하나님이 나타내실 일을 위해 나를 보내셨고, 그 하나님의 일을 우리가 반드시 해야 한다고 예수님은 말씀하신다. 오늘 우리에게도 반드시 해야 할 일

이 있다. 그 일은 예수님과 함께, 예수님을 통해서 해야 하는 일이다. 예수님은 제자들에게 '하나님의 일을 우리가 반드시 해야 한다"고 말씀하셨다. 이 말씀은 우리에게도 유효하게 적용될 수 있다. 하나님은 세상의 윤리와 정치를 바르게 하고, 가난을 구제하고, 병든 자를 고치라고 예수님을 세상에 보내신 것이 아니다. 세상을 구원하시기 위해, 하나님의 완전한 구원을 완성하시기 위해 예수님을 보내신 것이다. 예수님만 하실 수 있기에 바로 그 일을 맡기신 것이다. 바로 그 예수님이 제자들에게 함께 그 일을 하자고 말씀하신다. 예수님 혼자서, 혹은 제자들끼리만 하는 게 아니고, 우리가 반드시 함께 해야 한다고 하신다. 일할 수 없는 어둠이 오기 때문에 지금 우리가 하나님의 일을 해야 한다고 말씀하신다.

사실 요한이 말하고 싶었던 것도 '맹인이 예수님께 고침 받고 눈을 떴다'는 사실이 아니라 '우리가 이 일을 예수님과 함께 해야 한다'는 사실이다.

영적 실로암을 향하여

맹인을 고치신 예수님의 행동과 말씀을 보자.

"이 말씀을 하시고 땅에 침을 뱉어 진흙을 이겨 그의 눈에 바르시고

이르시되 실로암 못에 가서 씻으라 하시니 (실로암은 번역하면 보냄
을 받았다는 뜻이라) 이에 가서 씻고 밝은 눈으로 왔더라"(요 9:6~7).

예수님이 맹인을 고치실 때, 침을 뱉어 진흙을 이겨서 눈에 바르시
고 실로암 못에 가서 씻으라고 하셨다. 예수님은 그 자리에서 말씀만
으로도 눈을 뜨게 하실 수 있는 능력이 있으신데, 왜 이런 방식을 선
택하셨을까? 그리고 7절에 "실로암은 번역하면 보냄을 받았다는 뜻
이라"는 말을 요한은 왜 부연했을까? 실로암 연못의 장소보다 그 이
름의 뜻에 집중하라는 것인데 무슨 이유가 있는 것일까?

자신의 눈에 진흙덩이가 붙은 채로 맹인이 실로암을 향하여 가고
있는 광경을 상상해보자. 앞을 보지 못하니, 왼쪽인지, 오른쪽인지, 앞
인지, 뒤인지 방향을 사람들에게 계속 물으며 가야 했을 것이다. 그를
바라보는 시선은 조롱이 섞였을 것이다. 어떤 사람은 구걸은 안 하고
별짓을 다 한다고 웃고 있었을지 모른다. 실로암까지 가는 동안 사람
들의 시선은 곱지 않다. 사람들의 평가는 제대로 내려지지 않는다. 예
수님이 발라놓은 진흙 때문에 그의 모습은 더 우스꽝스러워지기만 한
것이다. 그래도 보냄을 받았기에 실로암까지 가야만 한다.

실로암은 '보냄을 받았다'는 뜻이다. 실로암은 히브리어로 '쉴로하
שִׁלֹחַ'다. 8세기 말 히스기야가 앗수르 산혜립의 포위 공격에 대비해
기혼샘에서부터 530미터 떨어진 실로암까지 S자형의 터널을 판 사
실이 역대하 32장에 나온다. 그런데 이 '쉴로하'는 단순히 지명을 뜻

하는 말이 아니다. 예수 그리스도를 상징하는 말이며, 하나님의 뜻을 상징하는 중요한 말이다. 창세기 49장에서 야곱이 마지막 그의 아들들을 축복할 때 유다를 축복하면서 "규가 유다를 떠나지 아니하며 통치자의 지팡이가 그 발 사이에서 떠나지 아니하기를 실로가 오시기까지 이르리니 그에게 모든 백성이 복종하리로다"(창 49:10)고 선언한다. 여기서 '실로가 오시기까지'는 유다 지파의 후손 가운데 메시야가 올 것을 예언하는 말씀이다. 실로는 바로 메시야이신 예수님을 뜻한다. 또한 이사야는 하나님이 자신에게 하신 말씀을 전하는데 "여호와께서 다시 내게 말씀하여 이르시되 이 백성이 천천히 흐르는 실로아 물을 버리고 르신과 르말리야의 아들을 기뻐하느니라"(사 8:5~6)라고 기록했다. 여기서 실로아 물은 하나님의 뜻과 말씀을 의미한다. 르신은 앗수르를 뜻하고 르말리야는 패역한 이스라엘을 뜻한다(사 7:8~9 참조). 유다가 하나님을 버리고, 이방신을 따르고 하나님을 떠난 북왕국 이스라엘의 행위를 따라가고 있음을 이사야를 통해서 지적해주는 말씀이다.

실로암으로 보냄을 받았다는 뜻은 단순히 실로암 연못으로 갔다는 것을 말하는 것이 아니다. 어둡고 캄캄한 인생을 살던 한 사람이 비로소 '실로'이신 예수님께로 갔을 때, 예수님을 만났을 때, 그의 인생에 빛이 들어오게 되었다는 것을 의미하는 것이다. 죄 많은 인생이 실로이신 예수님을 만났을 때 그 더럽고 추한 죄가 깨끗이 씻길 수 있다는 것을 말씀은 우리에게 전하고 있는 것이다. 예수님이 우리 죄를 사하시고, 구원하시기 위하여 보냄을 받으신 영적 실로암이시다. 오늘 우리도 그 실로암에서 광명의 빛을 보게 되었으며, 죽을 수밖에 없던 인생에서 천국 백성이 되었기에 그 하나님의 일을 예수님과 함께, 예수님을 통해서 해나가야 한다. 영적 맹인이 된 세상 사람들을 실로암으로 보내는 일을 해야만 한다. "실로암으로 가라! 더러운 죄를 깨끗이 씻기시고, 의인이 되게 하시며, 하나님과 원수가 된 삶을 화목하게 바꾸시는 하나님의 일을, 하나님의 역사를 세상에 보여주게 될 것이다. 세상으로 하여금 알게 할 것이다."

우리는 이 말씀과 사명에 헌신하며, 하나님이 예수 그리스도를 통해 이루시고자 하는 구원의 역사를 완성해가는 성도와 교회가 되어야 한다. 우리가 함께 하나님의 일을 해야 한다고 하신 예수님의 말씀처럼, 우리와 함께하시는 예수님을 믿고 그 십자가의 능력과 부활의 소망으로 마지막 한 사람까지 실로암으로 보내는 구원의 역사를 우리가 감당해나가야 한다. 그때 모든 죄악이 실로암이신 예수님의 십자가로 깨끗이 씻겨 거룩한 하나님의 자녀가 되는 은혜가 선포될 것이다.

"실로암 못에 가서 씻으라!" 이것이, 지금 우리가 세상에 외쳐야 할 복음이다.

오늘의 본문 _ 요 9:1~41
문제 제기

존재 이유

"나는 생각한다 고로 존재한다." 데카르트의 인식론을 생각해보지 않아도 사람만이 자기 존재에 대해 질문할 수 있고, 자기 존재 이유를 찾고자 하는 열망이 있음을 우리는 알 수 있습니다. 그러면 나는 왜 이 세상에 존재하는 것일까요? 철학적으로, 사회학적으로 그 답을 찾아가는 것도 중요하겠지만 우리를 만드신 창조자 하나님과의 관계 속에서 그 답을 먼저 찾아야 할 것입니다.

"그에게서 하나님의 하시는 일을 나타내고자 하심이니라." 이 말씀은 날 때부터 눈이 안 보이는 사람을 일컬어 예수님께서 제자들에게 하신 말씀입니다. 그러나 보지 못하는 자들을 보게 하기 위해 오셨다는 주님의 말씀을 생각하면 이 말씀은 우리 모두를 향한 말씀이 분명해집니다. 우리의 삶에 대해 하나님이 가지고 계신 그분의 목적은 무엇일까요? 이 말씀을 통해 하나님의 영광과 목적을 이루기 위해 존재하는 우리 자신을 발견할 수 있게 되기를 원합니다.

• 다음의 질문을 서로 나누고 이야기해봅시다.

1. 진화론적(과학)으로 사람의 존재 이유를 찾는 것과 창조론적(성경)으로 사람의 존재 이유를 찾는 것은 어떤 다른 점이 있을까요?

2. 하나님이 창조 때부터 지금까지 계속하시는 일이 있다면 무엇일지 각자 생각을 나누어보세요.

본문 연구

223쪽 해답 및 해설 참조

① 오늘 본문의 기적 사건 속에서 예수님을 만난 사람은 누구였나요?(1, 8, 18~20절)

----

② 당시의 사람들은 장애를 가진 사람들을 어떻게 생각했나요?(2, 34절)

----

③ 예수님의 생각은 제자들이나 다른 사람들과 어떻게 달랐나요?(3절)

----

④ 맹인을 고치신 예수님의 방법은 무엇인가요?(6~7절)

----

⑤ '실로암'의 뜻은 무엇인가요?(7절)

------

⑥ 사람들은 왜 눈뜬 사람이 맹인이었던 사람인지 아닌지 의견이 분
분했나요?(9~10절)

------

⑦ 맹인은 자신이 고침 받은 사건을 어떻게 말하고 있나요?(11절)

------

⑧ 바리새인들은 왜 분쟁이 있었나요?(16절)

------

⑨ 당시에 예수님을 그리스도로 시인하는 자는 어떤 불이익을 당했
나요?(22절)

------

⑩ 맹인이 예수님을 믿게 되는 과정과 신앙고백을 알아봅시다(17, 27,
31, 33, 36, 38절)

▶ 17절 : 예수님은 (   )다.

▶ 27절 : 예수님은 (   )보다 더 훌륭한 선생이다.

▸31절 : 예수님은 (   )하신 분이시다.

▸33절 : 예수님은 (   )께로 부터 오신 분이시다.

▸36절 : 나는 예수님을 (   ) 한다.

▸38절 : 내가 (   )을 믿나이다.

⑪ 예수님이 오신 목적은 무엇인가요?(39절)

적용

① 예수님이 말씀하신 '낮'과 '밤'은 어떤 것인지 서로 나누어보세요.(4절 참조)

② 오늘 우리 각자가 '하나님의 하시는 일'을 나타내기 위하여 주님으로부터 보냄 받은 실로암은 어디일까 이야기해보세요.(7절 참조)

③ 내가 예수님을 구세주로 믿게 된 동기나 신앙의 체험에 대해 나누

어보세요.(38절 참조)

---

④ '보지 못하는 자들'과 '보는 자들'은 누구를 가리키며 그 차이는 무

엇인가요.(39절 참조)

결단

어떤 목적을 가지고 인생을 사느냐는 그 인생의 질을 다루는 문제입
니다. 내 것을 위해 사는 인생의 목적과 하나님의 것을 위해 사는 인
생의 목적에는 분명한 질적 차이가 있습니다. 하나님을 믿는 사람들
은 하나님의 영광을 위해 살아야 하는 목적이 있습니다. 이 세상에
어떤 것도 우연히 존재하지 않습니다. 바울도 "만물이 주에게서 나오
고 주로 말미암고 주에게로 돌아감이라"(롬 11:36)고 외치고 있습니
다. 들에 핀 풀 한 포기, 하늘을 나는 새 한 마리도 모두 하나님의 섭
리와 계획 속에서 만들어졌을진대 하물며 사람의 존재는 어떻겠습
니까? 하나님은 우리에게 당신의 소원을 두고 하나님의 기쁘신 뜻을
위해 살기를 바라고 계십니다(빌 2:13). 그렇게 하나님의 영광을 위

해 만들어졌기에 우리는 감히 하나님의 자녀라 불릴 수 있는 것입니다. 왜 존재해야 하는지를 분명히 알고 우리 삶의 목적을 다시 바라보기를 원합니다 .

오늘의 말씀을 통해서 내가 결단해야 할 것은 무엇인가요?

8장

불가능을
가능케 한
헌신

1. 그 후에 예수께서 디베랴의 갈릴리 바다 건너편으로 가시매 2. 큰 무리가 따르니 이는 병자들에게 행하시는 표적을 보았음이러라 3. 예수께서 산에 오르사 제자들과 함께 거기 앉으시니 4. 마침 유대인의 명절인 유월절이 가까운지라 5. 예수께서 눈을 들어 큰 무리가 자기에게로 오는 것을 보시고 빌립에게 이르시되 우리가 어디서 떡을 사서 이 사람들을 먹이겠느냐 하시니 6. 이렇게 말씀하심은 친히 어떻게 하실지를 아시고 빌립을 시험하고자 하심이라 7. 빌립이 대답하되 각 사람으로 조금씩 받게 할지라도 이백 데나리온의 떡이 부족하리이다 8. 제자 중 하나 곧 시몬 베드로의 형제 안드레가 예수께 여짜오되 9. 여기 한 아이가 있어 보리떡 다섯 개와 물고기 두 마리를 가지고 있나이다 그러나 그것이 이 많은 사람에게 얼마나 되겠사옵나이까 10. 예수께서 이르시되 이 사람들로 앉게 하라 하시니 그 곳에 잔디가 많은지라 사람들이 앉으니 수가 오천 명쯤 되더라 11. 예수께서 떡을 가져 축사하신 후에 앉아 있는 자들에게 나눠 주시고 물고기도 그렇게 그들의 원대로 주시니라 12. 그들이 배부른 후에 예수께서 제자들에게 이르시되 남은 조각을 거두고 버리는 것이 없게 하라 하시므로 13. 이에 거두니 보리떡 다섯 개로 먹고 남은 조각이 열두 바구니에 찼더라 14. 그 사람들이 예수께서 행하신 이 표적을 보고 말하되 이는 참으로 세상에 오실 그 선지자라 하더라 15. 그러므로 예수께서 그들이 와서 자기를 억지로 붙들어 임금으로 삼으려는 줄 아시고 다시 혼자 산으로 떠나 가시니라(요 6:1~15).

기적의 사건들

인체를 구성하고 있는 원소는 산소 65퍼센트, 탄소 18퍼센트, 수소 10퍼센트, 질소 3퍼센트, 칼슘 1.5퍼센트, 인 1퍼센트, 칼륨 0.35퍼센트, 황 0.25퍼센트, 나트륨 0.15퍼센트 등이다. 인간을 구성하는 원소들로 만들 수 있는 것은 겨우 비누 6장, 7.6센티미터의 대못 1개, 900자루의 연필심, 2,000개비 성냥, 펜스를 조금 칠할 수 있는 석회 등이라고 한다. 과학의 힘으로는 이 원소들로 우리가 만들 수 있는 것이 이것뿐이지만, 하나님은 흙에서 취한 이 원소들을 가지고 사람을 만드셨다. 인체를 구성하고 있는 중요한 원소들로 만들어진 물건들의 값은 세상이 정해 놓은 가격 정도이지만, 그 원소들로 이루어진 사람은 하나님의 창조물로서 값으로는 따질 수 없다. 세상의 과학은 아무리 발달해도 이런 원소들을 결합해서 사람을 만들어내지 못한다. 이렇게 우리의 능력으로는 할 수 없는 일들이 일어나는 현상을 우리는 기적이라고 부른다. 성경에는 그런 기적 같은 사건들이 수도 없이 많이 나열돼 있다. 그러면 그 모든 것들이 우연이었을까? 성경에 일어났던 사건들은 어쩌다 일어난 것들이 아니다. 그 배후에는 모두 하나님의 손길이 있었고 전면에는 하나님을 믿는 사람들의 믿음과 신앙이 있었다. 현실로는 불가능한 일들이 우리의 믿음과 하나님의 돕는 손길을 통해 이 세상에 가능한 일로 나타난 것이다.

200데나리온과 오병이어

예수님의 기적 사건 중 4복음서(마태, 마가, 누가, 요한)에 모두 기록된 것들은 거의 없다. 그러나 오병이어 이야기는 4복음서에 모두 나오고 있다. 그만큼 중요한 의미를 담은 사건이다. 어떤 사람들은 이 사건을 예수님이 일으키신 기적이라기보다는 사람들의 마음이 움직여 일어났던 사건이라고 말한다. 아이가 보리떡 다섯 개와 물고기 두 마리를 예수님에게 드린 것을 보면서 저마다 자기가 가지고 있던 먹을 것을 내어놓고 나누어 먹은 나눔의 사건이었다고 해석하는 사람도 있다. 그러나 이 사건은 분명 예수님의 기적 사건이었고 하나님의 은혜로 나타난 놀라운 사건이다.

요한복음의 오병이어 사건은 벳새다라는 곳에서 일어났다. 다른 복음서에 보면, 그 장소는 마을에서 떨어진 아무것도 없는 빈들이었다. 예수님을 찾아와 시간 가는 줄 모르고 말씀을 듣던 군중은 저녁 무렵이 되자 배가 고프기 시작했다. 마태복음, 마가복음, 누가복음에 보면 제자들은 예수님께 사람들을 마을로 돌려보내서 먹을 것을 사 먹게 하자고 말씀을 드린다. 그러나 예수님은 제자들에게 "너희가 먹을 것을 주라"고 말씀하신다. 만일 우리가 그 자리에 있던 제자였다면 그 말씀에 "예 그렇게 하겠습니다"라고 즉시 대답할 수 있을까? 여기서부터 예수님은 제자들에게, 우리들에게 하나님의 뜻을 가르쳐주고 신앙의 진리를 가르쳐주고 계심을 알 수 있다.

요한복음에는 예수님이 빌립에게 말씀하시는 장면으로 조금 더 자세하게 기록되어 있다. 예수님이 빌립에게 "우리가 어디서 떡을 사서 이 사람들로 먹게 하겠느냐?"라고 질문하셨다. 이 질문은 빌립을 시험하고자 하셨던 것이었고, 예수님은 그 결과도, 그 될 일도 이미 아시고 계셨다(요 6:7). 오늘 우리에게 예수님이 이런 시험 문제를 내시고, 테스트를 하신다면 우리는 어떤 답을 써낼 수 있을까?

빌립이 낸 답지는 "각 사람으로 조금씩 받게 할지라도 200데나리온의 떡이 부족하리이다"였다. 빌립의 대답을 살펴보자. 그는 합리적이었고, 계산이 정확한 사람이었음을 알 수 있다. 그래서 빌립은 거기에 있는 사람들의 수와 그들이 조금씩 요기할 정도로 떡만 먹는다면 약 200데나리온의 경비가 들것이라고 분석해냈다. 산술적으로는 흠잡을 수 없는 답이 분명하다. 그의 고향이 이곳 벳새다이기에 그 돈이 모아진다면 찾아가야 할 떡집도 미리 생각하고 있었을지도 모른다. 또 한 사람의 제자 안드레가 본문에 등장한다. 그는 산술적인 계산 대신 현실적인 것들을 들고 나온다. 먹을 것을 찾아보니 한 아이가 주님께 드린 보리떡 다섯 개와 생선 두 마리가 있다는 것이다. 요한복음 6장 9절 중반에 보면 "그러나 그것이 이 많은 사람에게 얼마나 되겠삽나이까?"라고 말하는 모습이 나온다. 빌립과 안드레는 지금 주님이 내신 문제는 '현실적으로 풀어낼 수 없는 불가능한 일'이라고 말하고 있는 것이다. 200데나리온의 돈은 오늘날 환산하면 한 사람의 7개월 정도 임금이 되는 돈이다. 당장 현장에서 사람들에게 모을 수 있는 돈이 아니다. 불가능한 일이다. 안드레의 생각처럼 어린아이가 건넨 도시락으로 수천 명이 나누어 먹는다는 것도 불가능한 일이었다.

불가능을 가능하게 만드는 비밀

하지만 성경은 이것이 불가능한 일로 끝난 것이 아니라 가능했던 일로 결과를 맺고 있다고 말한다. 오늘날도 마찬가지다. 우리가 주님의 일을 할 때 불가능할 것 같은 일들이 얼마나 많은가? 신앙생활이 만만한 일만 있고, 될 수 있는 일들만 이루어가는 것이라면 거기에는 주님이 하실 일이 아무것도 없다. 우리가 다 할 수 있는 것이기 때문이다. 하지만 신앙생활은 우리가 할 수 없는 것들을 주님과 함께 하는 것이며, 또 그것이 불가능하게 보여도 가능한 것임을 믿고 나아가는 것이다. 내 형편, 내 처지로 할 수 있는 것만 골라서 하는 교회와 성도가 아니라 내가 할 수 없을 만큼 커 보이는 것도, 어려운 것도 주님이 하시면 할 수 있다고 그렇게 믿고 나아가는 하나님의 사람들이 되어야 한다.

새들백 교회 릭 워런Rick Warren 목사님은 이런 말을 했다. "당신이 완벽한 조건을 기다린다면 결코 아무것도 할 수 없을 것이다. 당신이 결정하기 전에 모든 문제들이 해결되어야 한다고 주장한다면, 믿음으로 살아가는 인생의 스릴을 결코 경험해보지 못할 것이다(If you wait for perfect conditions, you will never get anything done. If you insist on solving all the problems before you make a decision, you'll never know the thrill of living by faith)."

신앙에는 불가능을 가능하게 만드는 비밀이 있다. 지금도 믿음으로 불가능한 일들을 가능하게 하시는 하나님의 능력이 일어날 수 있다. 어린아이 한 사람의 작은 헌신이 불가능을 가능하게 만드는 위대한 역사를 모두가 경험하게 만들었다. 내 것을 드림으로, 나의 헌신을 바침으로 불가능한 일이 가능한 일이 되었다. 상식적으로 생각해보자. 어른만 5,000명 이상이 되는 사람들을 먹여야 하는 일에 어린아이 하나가 어떤 도움이 될 수 있을까? 또 그가 드린 보리떡 다섯 덩어리와 생선 두 마리는 얼마나 효과가 있을까? 우리가 생각할 때는 그 지역에 돈 많은 사람이 한 번에 수백 데나리온의 돈을 기부한다든지, 큰 떡집 주인이 그것을 다 만들어 제공하겠다고 하면 도움이 될 것이라고 생각하겠지만 이는 앞서 이야기한 빌립이나 안드레의 생각과

다를 바 없다. 우리의 시선은 어린아이나 보리떡 다섯 덩어리 생선 두 마리에는 절대로 맞추어지지 않는다. 우리 생각으로는 부적합하다고 생각하는 것들이지만 하나님의 시선에는 그것이 한없이 소중한 것이고 귀중한 것이라는 것을 우리는 알아야 한다. 사람 편에선 너무 작아서 관심도 없고 쓸모도 없다고 생각하는 것들을 하나님은 가장 쓸모 있는 것으로 바꾸시며 크고 귀중한 것으로 사용하신다. 과부의 두 렙돈을 눈여겨보신 분도 주님이시지 않은가?

반대로 인간적인 입장에서 아무리 훌륭한 것이라 해도 주님 편에서 보았을 때, 주님의 일을 이루는 데에는 전혀 도움이 되지 않을 수도 있다. 하나님은 우리가 내어놓는 외적 조건이 아닌, 주께 의지하고 다가가는 내적 진심에 먼저 관심 두고 계시기 때문이다. 이 오병이어의 이야기는 우리가 먼저 하나님 앞에 드려야 할 것이 물질적인 것이 아니라 참된 헌신임을 깨닫게 해준다.

주님 손에 올려놓는 오병이어

우리는 몇몇 목회자나 성도들에게서 "교회가 커야 하나님의 일을 잘할 수 있다"는 이야기를 종종 듣는다. 성도도 많고, 건물도 크고, 헌금도 많이 나와야 선교사도 보내고 교회도 개척하고, 세상에 봉사도 할 수 있다는 것이다. 정말 그런가? 빌립처럼 200데나리온의 돈이 있어야 주의 일을 멋지게 완수할 수 있는 것인가? 안드레처럼 오병이어로는 턱없이 부족하다고 주장할 것인가? 그런 논리라면 교회는 부자가 많을수록 일을 많이 할 수 있을 것이다. 그런 생각이라면 교회는 땅 사고, 교회 더 크게 짓고 수백 명, 수천 명의 교인들을 모으는 일에 몰두해야 할 것이다.

우리에게 필요한 것은 빌립과 같은 물질적인 준비나 안드레 같은 현실적인 사고가 아니다. 세상은 눈에 보이는 것으로 평가하지만 하나님의 평가 기준은 분명 다르다. 하나님은 우리에게 하찮아 보이는 보리떡 다섯 개 물고기 두 마리가 먼저 드려지기를 원하고 계신다. 아무것도 할 수 없는 어린아이 같은 우리들이 하나님께 온전히 드려지기만을 바라고 계신다. 세상 사람들이 생각하기에, 세상의 기준으로 판단하기에 별 볼 일 없고, 힘도 없고, 크지도 않은 어린아이 같은 교회라도 이 말씀에 나오는 어린아이와 오병이어처럼 하나님께 온전히 드려진다면 하나님의 놀라운 일들을 이루어갈 수 있다.

나 아닌 다른 이를 위해 무엇 하나 내놓지 않으려는 이기적인 사람들 틈바구니에서 왜 주님은 "너희에게 떡이 얼마나 있나 가서 알아보라"고 말씀하셨을까? 오늘도 주님은 이 사회 속에서, 나를 위해 바쁘게 살아가는 이기적인 시간 속에서, 똑같은 질문을 하고 계신다. "너희에게 떡이 얼마나 있나"라는 말씀은 내가 먹을 떡, 나를 위해 사용할 떡이 아니다. 그 떡은 주님의 영광을 위해서 드려야 할 떡, 다른 사람과 나누어야 할 떡이다. 주님은 이 말씀을 통해 오늘도 그 어린아이를 찾고 계신다. 아무도 관심 두지 않는 말라서 딱딱하고 꺼끌꺼끌한 보리떡과 작은 생선을 찾고 계신다. 내 형편이 나아지면, 내 신앙이 커지면, 내 사업이 잘 되서 돈을 많이 벌면, 내가 건강해지면, 내가 신앙생활을 오래하면 그때 헌신하겠습니다 라는 대답은 정답이 아니다. 지금 당장 드려야 한다. 지금 이 모습으로, 지금 내 삶의 자리 바로 거기에서 하나님께 우리를 드려야 한다.

우리 힘으로는 5,000명을 먹이는 것이 불가능이지만 주님 손에 그것이 들려지면 가능해진다. 주님께 드려지면, 주님의 손에 붙들리면 모든 것이 가능하다. 돈이나 멋진 계획이 있어야 하는 것이 아니다. 사람의 불가능을 가능케 하시는 분이 우리 주님이시다. 주님의 일은 큰 교회, 돈 많은 교회, 수천 명의 성도가 해나가는 것이 아니다. 주님의 일은 어린아이 같은 내가 주님께 온전히 드려질 때 시작되는 것이며, 이를 통해 주님께서 완성시키시는 것이다. 우리가 가진 이성, 판단, 계산을 뒤엎는 주님의 방법을 우리는 기억해야 한다. 거대한 것, 화려한 것을 동원하지 않고서도 주님은 주님의 일들을 이루어가신다는 것을 믿어야 한다. 어린아이 같은 나 한 사람, 개척한 지 얼마 되지 않은 작은 교회를 통해서도 주님은 세상이 깜짝 놀라고 모든 사람들이 하나님의 능력을 믿게 되는 놀라운 기적을 보여주실 것이다. 교회가 세워지기 전, 우리가 모이기 전, 주님은 이미 우리의 계획과 블루프린트를 준비하고 기다리고 계셨다. 오병이어를 주님 손에 올려놓을 그 아이와 함께 불가능을 가능하게 하는 하나님의 역사를 이루어가시기 위

해서 주님은 기다리고 계신다. 우리가 그 아이가 되어 하나님께 드려
질 때, 하나님의 기적이 지금 여기에서 일어날 것이다.

오늘의 본문 _ 요 6:1~15
문제 제기

헌신

어느 누구도 최초의 작은 일에 대한 헌신을 하지 않고 대단한 헌신을 이루어낼 수는 없습니다. 헌신은 마치 한 걸음 한 걸음 걸음마를 배우는 것처럼 발걸음을 떼며 하나님이 주시는 새로운 확신과 능력의 세계를 향해 나아가는 것입니다. 우리의 작은 헌신에 큰 것으로 채우시는 하나님의 은혜를 체험하면 좀 더 큰 헌신으로 나아갈 수 있습니다. 어린아이 하나의 헌신은 보잘것없는 '오병이어'였지만 그 헌신을 통해 하나님은 우리에게 더 많은 것을 보여주셨습니다. 이렇게 헌신은 '결정'과 더불어 '값'을 치루는 것이며 그 과정 속에서 하나님이 함께 하시는 기쁨을 체험하는 것입니다. 오늘 내 삶의 자리에서 내가 결정해야 할 헌신은 무엇입니까? 그 대가와 결과를 생각해보며 설레는 헌신의 발걸음을 내딛어봅시다.

• 다음의 질문을 서로 나누고 이야기해봅시다.

1. 당신의 개인적 신앙생활에서 교회나 하나님의 일에 대해 결정하고 감당했던 헌신이 있다면 어떤 것이 있나요?

2. 당신이 지금까지 경험한 다른 사람의 헌신 가운데 가장 감동적이
   었던 것이 있다면 무엇인가요?

본문 연구

233쪽 해답 및 해설 참조

① '그 후에'로 시작하는 본문의 앞의 사건은 어떤 것들이었나요?(1
   절, 마 14, 막 6, 눅 9장)

---

② 오병이어 사건은 어디서 일어났나요?(1절, 44절, 눅 9:10)

---

③ 왜 큰 무리가 예수께로 나아왔나요?(2절)

---

④ 예수님이 이곳에서 하신 일들은 무엇이었는지 다른 복음서에서
   찾아보시오.(마 14:14, 막 6:34, 눅9:11)

---

⑤ 예수님의 질문에 '빌립'과 '안드레'는 어떻게 대답했으며, 그 의미는 무엇인지 생각해보시오.(7~9절)

⑥ '오병이어'의 가치와 '200데나리온'의 가치를 비교해보시오.(7~9절)

⑦ 한 아이가 드린 헌신(오병이어)의 결과는 어떻게 나타났나요?(10~13절)

⑧ 예수님은 제자들에게 떡과 물고기를 나눠준 후 무엇을 하라고 말씀하셨나요?(12절)

⑨ 오병이어의 기적을 본 사람들의 반응은 어떠했나요?(14~15절)

⑩ 무리들이 예수님을 다시 찾은 이유를 예수님은 무엇이라고 말씀하셨나요?(26절)

적용

① 기적이 일어나기 전의 상황을 오늘 나의 현실과 비교해보십시오.
(막 6:35절 참조)

---

② 오늘 나는 주님을 섬기며 교회에 봉사하는 일에 어떤 헌신을 할 수
있나요? 내가 가진 '오병이어'는 무엇인가요?

---

③ 내 신앙생활과 삶에서 예수님의 은혜와 사랑으로 받은 것들 중에
버리고 있는 것은 없는지 생각해보십시오.(12절 참조)

---

④ 내가 예수님을 믿고 따르는 진짜 이유는 무엇인가요?(14~15절 참조)

결단

우리가 헌신하기 전까지는 아직 주저할 시간이 있고 게으를 수 있습

니다. 그러나 헌신을 결정했다면 우리는 달라져야 합니다. 머뭇거리거나 의심하거나 돌아봐서는 안 됩니다. 첫 발을 내딛는 그 순간, 하나님께서도 움직이시며 우리 주변에 조용하던 것들도 같이 움직이게 될 것이기 때문입니다. 꿈도 꾸지 못했던 일들이, 기적이라고 하는 일들이 우리의 삶 속에서 일어나게 될 것입니다. 하나님은 꼭 만나야 할 사람들을 만나게 하시면서, 필요한 물질 이상을 공급해주시면서 닫히고 막힌 길을 열어주시면서 우리의 헌신을 기다리고 계셨음을 보여주실 것입니다. 중요한 것은 어떤 일이든 헌신하기 전까지는 아무 일도 일어나지 않는다는 것입니다.

오늘의 말씀을 통해서 내가 결단해야 할 것은 무엇인가요?

9장

부활에
대한
확신

1. 안식일이 지나매 막달라 마리아와 야고보의 어머니 마리아와 또 살로메가 가서 예수께 바르기 위하여 향품을 사다 두었다가 2. 안식 후 첫날 매우 일찍이 해 돋을 때에 그 무덤으로 가며 3. 서로 말하되 누가 우리를 위하여 무덤 문에서 돌을 굴려 주리요 하더니 4. 눈을 들어본즉 벌써 돌이 굴려져 있는데 그 돌이 심히 크더라 5. 무덤에 들어가서 흰 옷을 입은 한 청년이 우편에 앉은 것을 보고 놀라매 6. 청년이 이르되 놀라지 말라 너희가 십자가에 못 박히신 나사렛 예수를 찾는구나 그가 살아나셨고 여기 계시지 아니하니라 보라 그를 두었던 곳이니라 7. 가서 그의 제자들과 베드로에게 이르기를 예수께서 너희보다 먼저 갈릴리로 가시나니 전에 너희에게 말씀하신 대로 너희가 거기서 뵈오리라 하라 하는지라(막 16:1~7).

그리스도인이 붙잡아야 할 두 단어 '십자가'와 '부활'

영국교회 캔터베리 대주교를 지낸 토머스 베켓Thomas Becket의 아버지인 길버트 베켓은 십자군 전쟁 시대에 사라센 왕국에 잡혀서 노예가 되었다. 그곳에서 사라센 왕국의 공주와 사랑을 하게 되었는데 그 사실을 안 사라센 제국의 왕은 길버트 베켓을 영국으로 추방시켜버렸다. 사랑하는 사람과 헤어지게 된 공주는 결국 길버트 베켓을 찾아서 무작정 영국으로 떠났다. 그녀가 할 수 있는 영어는 '런던'과 '길버트' 딱 두 단어였다. 영어를 모르는 그녀는 배들이 있는 항구에서 '런던'만 외치며 배를 찾았고 겨우 자신의 보석을 지불하고서야 영국으로 가는 배를 탔다. 런던에 도착해서도 그녀가 외칠 수 있는 말은 '길버트'라는 이름 하나였다. 다행히 길버트 베켓의 하인이 시내로 나왔다가 자기 주인의 이름을 부르는 것을 듣고는 자신의 주인에게 그 여인을 데려갔다. 이후 두 사람은 결혼을 하게 되었고, 아들을 낳게 되었는데 그가 바로 영국교회 캔터베리 대주교를 지낸 토머스 베켓이다(이 이야기는 1874년에 출간된 루이스 모리스Lewis Morris의 책에 기록되어 있다).

만약에 우리가 이 시대를 살면서 기독교인으로, 하나님의 사람으로, 두 단어만 사용할 수 있다고 한다면 우리는 어떤 말을 하고 어떤 단어를 붙잡을 수 있을까? '십자가'와 '부활', 이 두 단어 말고 기독교인과 교회가 마지막까지 붙잡아야 할 단어가 더 있을까? '십자가'와 '부활'이라는 이 두 단어는 바로 완전한 복음을 설명할 수 있는 정초석이 되며, 하나님이 우리에게 주시고자 하는 영원한 생명의 약속이 된다.

십자가는 매우 중요하지만 십자가만으로는 복음이 성립이 되지 못한다. 고린도전서에서 바울은 "만일 죽은 자의 부활이 없으면 그리스도도 다시 살아나지 못하였으리라. 그리스도께서 만약 다시 살지 못하셨으면 우리가 전하는 것도 헛것이요. 또 너희 믿음도 헛것이다"(고전 15:13~14)라고 선언한다. 부활이 없으면 우리의 믿음도, 삶도 결국은 헛것이 된다는 것이다. 그래서 십자가와 부활, 이 두 단어가 하나가 될 때 완전한 복음이 되고 하나님의 영원한 생명의 약속이 이루어지게 된다.

여인들과 제자들

마가복음 16장에는 부활절 아침, 세 명의 여인의 모습이 나오는데, 부활에 대하여 우리에게 주는 귀중한 의미가 담겨 있다. 안식일이 지나자 막달라 마리아, 야고보의 어머니 마리아 그리고 살로메 이 세 여인은 예수님께 바르기 위하여 향품을 사다 두었다. 그리고 안식 후 첫날 새벽같이 그녀들은 예수님의 무덤으로 갔다. 예수님이 십자가에 달려 돌아가실 때, 그녀들은 십자가에서 죽어가시는 예수님을 멀리서 바라보고 있었다. 십자가에서 죽으시는 예수님을 바라보는 것뿐만이 아니라 아리마대 요셉이 준비한 무덤에 장사지내는 곳까지 따라갔다. 마가는 이 여인들에 대해 "예수께서 갈릴리에 계실 때에 따르며 섬기던 자들"(막 15:41)이라고 소개했다. 그녀들은 예수님이 복음을 전하시던 초기부터 예수님 주변에서 필요한 것들을 공궤했고 예수님과 제자들을 도와주었으며, 예수님이 예루살렘에서 죽으시는 그날까지도 예수님을 끝까지 따라간 것이다. 제자들조차 모두 예수님을 버리고 도망갔지만, 그녀들은 십자가 앞에까지 가서 예수님의 죽으심을 목격했다.

그런 그녀들이 안식 후 첫날이 되자마자 새벽같이 예수님을 만나러 가고 있는 것이다. 그런데 여성 셋이 가다 보니 무덤을 막은 거대한 돌을 누가 밀어 굴릴지 걱정이 앞섰다. 세 여성의 힘으로는 무덤 입구를 막고 있는 돌을 굴릴 수 없었기 때문이다.

한번 다시 생각해보자. 이 여인들의 행동이 부활하신 예수님에게 필요한 것인가? 그녀들이 아무리 비싸고 좋은 향품을 샀다 해도 그것은 죽은 사람에게나 필요한 것이지, 부활하신 예수님에게는 전혀 필요가 없다. 예수님을 만나기 위해 무덤으로 향했던 그들은 예수님이 부활하셨을 것이라고는 상상도 하지 못하고 있다. 그들은 죽은 예수님을 만나러 가고 있는 것이다. 살아나신 예수님을 만나기 위해서는 무덤에 갈 필요가 없다. 그들은 돌 굴려줄 사람을 걱정하고 있지만, 사실 이 걱정도 부활하신 예수님을 만나기 위해서는 필요 없는 걱정이다. 이미 돌은 옮겨졌고, 예수님은 거기 계시지 않기 때문이다. 이들이 가진 향품도, 그들의 염려도, 그들의 발걸음도 부활의 아침에는 필요 없는 물건이고, 걱정이고 행동이다.

그렇다면 그녀들은 왜 부활하신 예수님을 만나기 위해 필요 없는 물품, 필요 없는 일, 필요 없는 걱정을 하고 있을까? 그것은 그녀들이 부활의 소식을 듣지 못했기 때문이다. 예수님은 사실 십자가에서 죽기 전에 세 번이나 당신이 3일 만에 다시 살아나실 것을 예고하셨다. 마가도 마가복음 8장 31절, 9장 31절, 10장 32~34절에서 예수님이 "친히 내가 사흘 만에 살아나리라" 약속하신 그 말씀을 기록하고 있다. 그런데 그 약속은 모두 제자들에게 하신 것이다. 여인들은 예수님이 다시 살아날 것이라는 소식을 들어본 적이 없었다. 그러니 이 여인들은 죽은 예수님을 만나러 무덤으로 갈 수밖에 없었던 것이다.

예수님이 살아생전 부활하실 것을 들은 제자들은 지금 어떤가? 마가복음 16장에서 마리아가 예수님을 처음으로 만나고 나서 그 기쁜 소식을 제자들에게 달려가서 전하는 장면이 나온다. 그런데 그때 제자들은 "슬퍼하며 울고 있는 중"(10절)이었다. 제자들도 십자가에 죽으신 예수님만 생각하며 슬퍼 울고 있었다. 그들은 다시 살아날 것이라는 말씀을 예수님에게 미리 들었음에도 불구하고 그것을 기억하지 못하고 있었다. 심지어는 예수께서 살아나셨다는 것과 마리아에게 보이셨다는 것을 듣고도 믿지 않았다(막 16:11).

부활의 예수님을 만나려면 갈릴리로 가라

우리의 인생에서 부활하신 예수님을 만나야 하는데도 죽은 예수님을 만나기 위해 무덤으로 가는 이들은 없는가? 아무리 잘난 사람도, 아무리 돈 많고 똑똑한 사람도, 정말 냉정하게 따져보면 모두 죽음을 향해서 가고 있다. 모든 인생이 죽음을 향하여 하루하루 가까이 다가가고 있다. 하나님 없는 사람, 부활을 믿지 않는 사람은 돈이 많아도, 똑똑해도, 능력이 있어도 죽음이라는 마지막 인생의 종착역에 다다르게 되면 그것으로 끝나는 것이다. 그게 무덤가로 가는 인생이다. 죽음이 인생의 종착점이 되는 것이다. 그러나 부활을 소망하는 하나님의 백성들에게 죽음은 인생의 종착역이 아니라 영원한 생명으로 열차를 바꿔 타는 환승역이 될 것이다. 우리는 영원한 생명을 약속하신 예수 그리스도를 무덤에서가 아니라, 새로운 사명을 주는 갈릴리에서 만나야 한다. 빈 무덤을 향해 가는 절망적인 인생의 방향을 바꾸어 영원한 생명을 제시하시는 십자가와 부활의 예수님을 만나야 한다. 아직도 이 여인들처럼 불필요한 걱정 속에 인생을 살아가는 사람이 있는가?

내 인생을 막고 있는 이 커다란 돌을 내 힘으로 옮길 수 없다고 걱정하며 세상 누군가의 힘을 찾으려고 하는 이들이 있는가? 내 사업, 우리 가정의 문제들을 고민하며 세상 사람들과 다를 바 없는 걱정만 붙들고 하루하루를 살아가는 이들이 있는가? 부활하신 예수님을 만나면 모든 인생의 돌들이 옮겨질 것이다. 부활하신 예수님을 진정 만나면 삶의 의미가 바뀔 것이고, 영원한 생명의 길을 찾게 될 것이다. 기어 다니는 애벌레는 앞을 막고 있는 돌덩이가 장애물이 되겠지만, 날개를 달고 날아가게 될 때에는 바닥에 있는 돌덩이는 더 이상 문제가 되지 않는다. 부활을 믿지 못하면 세상의 걱정과 문제가 여전히 내 인생을 절망하게 만들고, 근심거리와 장애가 되겠지만, 부활의 소망을 가진 사람은 이 세상 것이 더 이상 문제가 되지 않는다. 비록 이 땅에서 살아가지만, 천국의 소망을 품게 되고, 하늘의 약속을 상속받고 사는 하늘 백성이 되기 때문이다.

목회를 하다 보니 수많은 장례를 치렀다. 아무리 효도를 잘하는 자녀들이었어도 부모님이 돌아가시면 대개가 잘해드렸던 것보다 잘하지 못했던 일들이 더 많이 생각나서 슬픔과 눈물로 애통해하는 것을 목격한다. 그래서 어떤 자녀들은 부모님 마지막 가시는 길에 가장 비싼 관, 수의 등을 해드린다. 장지로 가는 길 생전에는 한 번도 타보지 못한 캐딜락 리무진을 대절해서라도 부모님 마지막 길을 모신다. 그러나 그 모든 것들은 죽은 사람에게 아무 소용이 없다. 이 여인들이 비싼 값을 치르고 예수님의 시신에 바를 향품을 샀다고 해도 부활하신 예수님에게는 필요 없는 것과 마찬가지다. 죽은 부모님이 비싼 관에 들어가시면 행복할까? 이미 돌아가신 부모님이 비싼 수의를 입고 리무진을 탄다고 행복할까? 효도는 살아계실 때 해야 한다. 죽으면 이 세상 그렇게 좋은 것들도 다 소용이 없게 된다. 우리는 지금 그렇게 살고 있지는 않는가? 하나님이 부르시면 아무 쓸모없는 것들을, 죽을 힘 다하여 붙잡고 있지는 않는가? 하나님이 부르시면 아무것도 아닌 것들을 내 삶의 모든 시간을 투자해서 새벽부터 밤까지 그것을 위해서 잠도 못자며 그렇게 살아가고 있지는 않는가?

"청년이 이르되 놀라지 말라 너희가 십자가에 못 박히신 나사렛 예수를 찾는구나 그가 살아나셨고 여기 계시지 아니하니라 보라 그를 두었던 곳이다"(막 16:6).

십자가에 못 박히신 예수, 십자가에서 죽으신 예수는 무덤에서 찾을 수 있다. 하지만 부활의 예수님은 다시 살아나셨기 때문에 무덤에서 찾을 수 없다고 천사는 말하고 있다. 죽음으로 끝난 예수를 만나려면 무덤으로 가야 하지만, 부활하신 예수님을 만나려면 갈릴리로 가야 한다(막 16:8). 다시 사신 예수님을 제자들처럼 근심과 걱정, 슬픔에서는 만날 수 없다. 살아나신 예수님은 우리의 소망과 기쁨 속에서 만나야 한다.

예수님은 왜 갈릴리로 가셨을까?

부활하신 예수님이 우리보다 먼저 갈릴리로 가셨다. '먼저' 가신 예수님을 우리는 따라 가야만 한다. 그렇다면 왜 주님은 부활하셔서, 그 무덤가에서 제자들을 다시 부르고, 다시 만나지 않고 먼저 갈릴리로 가서 기다리셨을까? 왜 거기서 제자들을 만나셔야 했을까? 갈릴리는 예수님의 복음 사역의 처음 자리이자 출발의 장소였기 때문이다. 마가복음 1장 14절에서 마가는 "요한이 잡힌 후 예수께서 갈릴리에 오셔서 하나님의 복음을 전파하여"라고 예수님의 처음 출발을 말하고 있다. 예수님은 갈릴리 해변을 지나시다가 베드로와 안드레를, 야고보와 요한을 제자로 부르셨다. 그리고 갈릴리에서 공생에 활동을 처음 시작하셨다. 마태복음 28장 16절에 보면, "열한 제자가 갈릴리에 가서 예수께서 지시하신 산에 이르러"라고 기록되어 있다. 드디어 그 제자들이 부활하신 예수님을 만나러 갈릴리에 갔고, 예수님이 지시하신 산에 이르렀다. 학자들은 바로 이 산이 변화산이라고 말하기도 한다. 어찌되었든 제자들은 부활하신 예수님을 갈릴리에서 만났다. 그렇게 만난 제자들에게 예수님은 말씀하신다.

"그러므로 너희는 가서 모든 족속으로 제자를 삼아 아버지와 아들과 성령의 이름으로 세례를 주고 내가 너희에게 분부한 모든 것을 가르쳐 지키게 하라 볼지어다 내가 세상 끝날까지 너희와 항상 함께 있으리라"(마 28:19).

부활하셔서 먼저 가신 갈릴리, 그곳은 예수님이 이 땅에 구원의 소
식을 전했던 처음 사역의 자리일 뿐만 아니라 우리를 부르시고, 우리
에게 사명을 주시고, 주님이 맡겨주신 복음의 일을 마치기까지 예수
그리스도께서 영원히 함께하실 것이라는 약속을 새롭게 주신 자리다.

지금 우리가 서 있는 그 자리가 부활하신 예수님이 먼저 가셔서 기
다리시는 갈릴리가 되게 하며, 새로운 사역의 출발지가 되게 하자.
"내가 세상 끝 날까지 너희와 항상 함께 있으리라!" 부활하신 주님의
음성이 지금도 들려온다.

오늘의 본문 _ 막 16:1~20, 고전 15:12~58
문제 제기

부활 신앙의 강조

기독교 신앙의 최고점은 예수님의 부활입니다. 그러기에 부활은 복음과 믿음의 핵심이 됩니다. 사도 바울도 부활이 없으면 "우리의 전파하는 것도 헛것이요 또 너희 믿음도 헛것"이라고 말했습니다. 그런데 이 부활이 기독교 신앙에서 '예수' – '천국'이라는 도식에 가려져 제 빛을 내지 못하고 있습니다. 사실 많은 사람이 "예수님을 믿으면 천국 간다. 예수님을 믿고 죽으면 하늘나라 간다"라는 신앙만 강조하고 있어서, 부활이 언제 우리에게 있는지, 또한 예수님을 믿는 사람의 부활이 무슨 의미인지 관심 두지 않고 있습니다. 이 장의 본문을 통해 우리는 부활 신앙의 소중함을 되새기고 그리스도인의 삶을 살면서 부활에 대한 확신이 얼마나 중요한 것인지 다시 깨닫게 될 것입니다.

• 다음의 질문을 서로 나누고 이야기해봅시다.
1. 당신이 생각하는 복음은 무엇인지 정의해보십시오.
2. 당신이 부활에 대한 믿음이 있다면 생물학적 죽음에 대해 어떤 마음과 생각을 가지고 있는지 옆 사람과 나누어보십시오.

본문 연구

241쪽 해답 및 해설 참조

① 예수님의 무덤에 간 사람들은 누구이며 왜 갔나요?(막 16:1~2)

② 예수님의 부활은 언제 일어났나요?(막 16:2, 9)

③ 그들은 무덤 속에서 누구를 만났으며 어떤 메시지를 들었습니까?(막 16:5~7)

④ 예수님의 부활 소식을 듣기 전 제자들은 어떤 상황이었으며 소식을 들은 후의 반응은 어떠했나요?(막 16:10~11)

⑤ 제자들을 만나신 예수님이 하신 말씀은 무엇이었나요?(막 16:14~18)

⑥ 부활하신 예수님은 승천하셔서 우리와 어떤 관계를 맺고 계시나
요?(막 16:20)

---

⑦ 예수님의 부활이 우리에게 주는 의미는 무엇인가요?(고전 15:14~15)

---

⑧ 부활은 누구에게 임하며 언제 일어나나요?(고전 15:22~24, 51~52,
참조 요 5:25, 28~29, 행 24:15)

---

⑨ 부활 후 우리는 어떤 형체를 가지게 될까요?(고전 15:42~44, 49)

적용

① 나에게 있어 예수님의 부활을 믿는 근거는 어디에 있습니까?

---

② 기독교 신앙에 있어서 부활의 의미가 무엇인지 각자 말해 보십시오.

③ 제자들은 왜 처음에 예수님이 부활하셨다는 소식을 듣고도 믿지 못했는지 말해보십시오.

결단

"나는 부활이요 생명이니 나를 믿는 자는 죽어도 살겠고 무릇 살아서 나를 믿는 자는 영원히 죽지 아니하리니(요 11:25~26)"라고 우리에게 말씀하신 예수님은 사망과 죽음을 이기시고 2,000년 전에 부활하셨습니다. 부활하신 예수님을 믿는 우리에게도 '생명의 부활'이 약속되어 있습니다. 부활하신 예수님을 만나고서야 제자들의 삶이 달라졌듯이 우리도 부활하신 예수님을 만날 수 있기를 원합니다. 우리가 믿어야 할 복음은 '십자가'와 '부활'입니다. 십자가는 우리의 삶의 과정이며 부활은 결과입니다. 십자가의 길과 부활의 소망을 통해 주님을 믿는 참된 제자의 삶을 살아갈 수 있기를 소원합니다.

오늘의 말씀을 통해서 내가 결단해야 할 것은 무엇인가요?

본문 연구
해답 및
해설

1장 거룩한 삶을 위한 출발

① 지금 본문의 장소와 상황은 어디이며 무엇입니까?

해답 장소: 게네사렛 호숫가(갈릴리 바닷가), 바벨론 포로 귀환 후에 이렇게
불린다. 해수면보다 212미터 낮으며, 남북 20킬로미터, 동서 12킬로미
터의 호수로 갈릴리 바다라고 불리기도 한다.

상황: 무리가 하나님의 말씀을 듣고 있었다.

해설 장소보다 중요한 것은 하나님의 말씀이다. 우리는 대부분 교회에서 하
나님의 말씀을 전하고 듣는다. 요즘 교회들은 사람 위주의 편익과 시설을 갖
추고 있다. 더울 때는 시원하게, 추울 때는 따뜻하게 그리고 교회 안에 많은
편의시설(카페, 놀이방, 체육관, 식당, 도서관 등)을 갖추고 현대인들의 생활 패턴
과 문화에 맞추어 모든 것을 제공해주려고 한다. 예배를 위한 공간은 어떤가?
비싼 파이프 오르간이나 피아노, 악기들을 갖추어놓기도 하고, 안락한 의자
들을 세팅해놓고, 현대식 영상과 음향 시설까지 갖추어야 말씀 전달이 용이
할 것이라고 생각하며 신경을 쓴다. 오늘 본문의 상황과 말씀을 다시 한 번 생
각해보자. 말씀보다 장소가 우선일 수 없다. 말씀보다 환경이 더 중요할 수 없
다. 본문에서는 호숫가라도 하나님의 말씀을 듣기 위해 많은 사람들이 몰려
왔다. 말씀 하나만 있어도 환경과 조건을 뛰어 넘는 신앙을 가질 수 있다.
그렇다면 시간은 어떤가? 간밤에 고기잡이 나갔던 어부들이 돌아와 그물을
씻고 있는 이른 아침이다. 예나 지금이나 하루를 시작하는 아침은 분주하다.
신경 쓸 일이 많고, 바쁜 시간대다. 그런데 그 이른 아침에 사람들이 몰려와

예수님이 전해주시는 하나님의 말씀을 듣고 있다. 주일 아침, 11시 예배를 드리러 나오는 교인 가운데 그 시간도 지키지 못하고 지각하는 사람들이 얼마나 많은가? 말씀 앞에 부지런한 무리들 이른 아침부터 말씀을 듣기 위해 호숫가로 몰려나온 수많은 사람들, 오늘 내가 말씀을 듣기 위하여 준비하고 있는 자리와 마음의 상태를 다시 점검해보자.

② 예수님은 누구의 배에 오르셨습니까?

해답 시몬의 배.

해설 배 두 척이 있었는데(2절) 예수님이 오르신 배는 시몬의 배였다(3절). 예수님에게 선택받는다는 것, 하나님의 일에 선택받는다는 것은 세상에서 선택받는 어떤 순간보다 더 은혜의 기회가 된다는 것을 우리는 잊어버려서는 안 된다. 지금 예수님이 내 인생의 배에도 오르셨다. 그래서 내가 교회를 다니고, 성도의 삶을 살게 되었고, 교회에서 일꾼으로 쓰임 받고 있는 것이다. 이미 선택받은 은혜의 자리를 불평이나, 게으름으로 채우는 어리석은 사람이 되어서는 안 된다. 내 자격이나, 능력과는 상관없이 예수님이 은혜로 나를 선택해주셨고 당신의 제자로 불러주신 것이다.

③ 예수님 말씀의 청중과 내용을 구분해보십시오.

해답 3절 청중-무리, 내용-'가르치시더니'(1절 무리/하나님의 말씀을 들을새).

　　4절 청중-시몬, 내용-'깊은 데로 가서 그물을 내려 고기를 잡으라'.

해설 예수님이 무리에게 가르치신 '하나님의 말씀'도 물론 중요한 말씀이 분명하다. 그러나 누가는 그 말씀의 내용을 우리에게 전하지 않았다. 우리가 알 수 있는 것은 오직 시몬에게 하신 말씀뿐이다. 무리들에게 가르치신 말씀도 물론 중요한 것이겠지만 누가는 베드로에게 하신 이 말씀을 초대교회 성도들과 누가복음의 독자들이 더 들어야 함을 말하고 싶은 것이 아니었을까? 교회에서 듣는 말씀이 청중 모두에게 하시는 말씀이 아니라, 나에게 하시는 말씀으로 들을 수 있다면, 그 말씀은 어느 것 하나도 흘려들을 수 없을 것이다. 오늘 내게 주신 말씀, 레마로 들려지는 그 말씀을 붙잡으라.

그러나 우리는 하나님이 분명히 내게 주시는 말씀임에도 불구하고 많은 것들을 듣지 못하고 지나간다. '전문성'을 따지기 때문이다(배에 있던 이들은 낚시를 전문으로 하는 어부였다). 또는 '육신적 상황'이 핑곗거리가 되기 때문이다(밤새도록 고기잡이로 인하여 베드로는 피곤한 상황이었다). '시간'을 따지기 때문이다(고기 잡기에는 아침 햇살이 떠오른 지금은 적당한 시간이 아니었다). '도구'에 대한 제한성 때문이다(깊은 데로 가도 그물의 길이는 한정되어 있다).

※19쪽 '말씀을 따르기 위해 넘어야 할 네 가지 조건' 참조.

④ 예수님을 만나기 전 시몬에겐 어떤 일이 있었나요?

해답 밤이 새도록 그물을 던졌지만 물고기를 잡지 못했다(5절). 그리고 그물을 씻고 있었다(2절)

해설 심정은 허탈하고 몸은 많이 피곤했을 것이다. 지금 시몬은 인생의 실패의 순간을 지나왔고, 낙담의 현장에 서 있다. 당신도 이런 인생의 순간을 경험해본 적이 있는가? 아무리 애쓰고 수고했어도 빈손이었던, 인생의 고난과 아품이 전부였던 빈 그물의 순간을 말이다. 그러나 기억해야 한다. 그 인생은 예수님을 만나기 전까지다. 예수님이 내 배에 오르시는 순간, 난 다시 시작할 수 있다. 실패와 절망의 자리를 털고 일어나도록 예수님은 내 인생에도 찾아오신다. 다시 예수님과 함께 시작할 수 있는 새로운 희망의 그물이 내 손에 쥐어질 날이 올 것이다. 그때 세상의 빈 그물이 하늘나라의 생명 그물로 바뀌는 놀라운 은혜를 경험하게 될 것이다.

⑤ 시몬은 어떤 결심을 했으며 그 결과는 어떻게 나타났나요?

해답 결심: 말씀에 의지하여 그물을 내리겠다(5f).

결과: 그물이 찢어질 정도로 고기를 많이 잡았으며(6절), 다른 동료의 배에도 잠길 정도로 고기를 가득 채웠다(7절).

해설 신앙은 결과를 믿는 게 아니라 말씀을 믿는 것이다. 베드로는 "고기를 많이 잡게 해주시면 깊은 데로 가서 그물을 내리겠다"고 말하지 않았다. 예수님이 단지 자신에게 하신 "깊은 데로 가서 그물을 내리라"는 말씀만 의지하고, 이 말씀에 모든 것을 근거로 해서 깊은 데로 나아가 그물을 내렸다. '말씀에 의지하여'는 '말씀 위에 자신의 모든 것을 올려놓고'와 같은 의미로 해석해야 한다. 우리는 종종 결과까지 들어보고 말씀에 '아멘' 할 때가 많다. 말씀에 의지하는 신앙은 말씀만 붙드는 신앙이다. 그렇기 때문에 말씀에 의지할수록 자신의 의지를 내려놓게 되는 것이다. 자신의 경험, 지식, 환경, 조건까지도 다 내려놓을 때 하나님의 능력이 나타난다. 말씀에 의지하여 순종하는 사람은 자신도 가득 채우는 축복을 경험하고, 선택받지 못한 '다른 배에 있는 동료들'까지 불러 그 배에도 가득 채워줄 수 있게 된다. 하나님의 말씀은 나도 살고, 너도 살린다. 하나님의 말씀에 의지하는 순간이 인생의 실패를 하나님의 기회로 바꾸는 순간이다.

⑥ 시몬 베드로는 예수님께 어떤 말씀을 드렸으며 그 이유는 무엇인가요?

해답 베드로는 예수님께 자신을 떠나달라고 이야기했다(8절). 그리고 그 이유는 놀랐기 때문이다(9절).

해설 놀라다θαμβοα라는 단어는 두려움이 섞인 놀라움(신의 임재에 대한 외경심)을 나타낸다. 베드로는 단순히 잡은 물고기가 많아서 놀란 것이 아니다. 지금 자신 앞에 계신 예수님이야 말로 메시야이신 주님이심을 확신했기 때문이다. 누가가 기록한 이 사건에서 베드로와 예수님의 호칭 변화를 살펴보자.

시몬(3, 4, 5, 10절), 시몬 베드로(8절) / 선생님(5절), 주여(8절)

베드로의 이름도, 예수님에 대한 호칭도 모두 8절에서 변한다(시몬 → 시몬 베드로, 선생님 → 주여). 베드로는 그 시점에서 예수님을 주님으로 믿고 고백하게 된 것이다. 그래서 예수님의 발 아래에 엎드려 자신에게 일어난 놀라운 일의 능력이 바로 주님이신 예수님에게서부터 나온 것임을 확신하고 있는 것이다. 그렇다면 베드로는 왜 예수님에게 자신이 죄인이라고 고백하며 "나를 떠나소서"라고 말하고 있을까? 이 부분을 이해하려면 요한복음에 나오는 베드로가 예수님을 처음 만났던 이야기를 살펴보아야 한다. 요한복음 1장 40~42절을 보면 베드로의 동생 안드레가 먼저 예수님을 만나고 나서 형인 베드로에게 '메시야'를 만났다고 고백하며 예수님께로 베드로를 데리고 가는 장면이 나온다. 그때 베드로를 처음 만나신 예수님은 베드로에게 "네가 요한의 아들 시몬이니 장차 게바라 하리라"고 이름을 새롭게 지어주신다. 아람어 게바는 헬라어 '베드로'와 같은 단어다. 베드로는 이미 예수님을 만났다. 동생 안드레를 통해 조상 때부터 기다려온 '메시야'라는 소리를 들었다. 그러나 그는 그때 예수님을 영접하지 못하고, 자신의 일상으로 돌아가 고기 잡는 일을 계속했던 것이다. 그런 베드로가 두 번째 예수님을 만나고 수많은 고기를 잡고 나서야 예수님을 메시야로 인정한 것이다. 베드로의 두려움은 첫 만남에서 예수님이 메시야임을 확신하지 못하고 영접하지 못한 자신의 모습에 대한 고백인 것이다. 이 만남과 고백은 베드로 자신의 삶의 내용까지 바꾸게 하는 영적 만남encounting이 되었다.

내가 만난 예수님은 누구인가? 누가는 예수님을 진짜 만난 시몬에게 드디어 예수님이 지어주신 이름 '베드로'를 붙여주며 그의 사도의 삶이 시작되었음을 알려주고 있다.

⑦ 예수님은 시몬에게 무엇이라고 말씀하셨나요?

해답 무서워하지 말라, 이제 후로는 네가 사람을 취하리라(10절).

해설 하나님의 현현이신 예수님을 만났을 때, 우리는 베드로처럼 그 존재 자체에 압도당할 수밖에 없는 피조물이며 죄인임을 깨닫게 된다. 하나님의 용서의 선언 없이는 그 누구도 자신의 죄를 해결할 수 있는 능력이나 방법이 없다. 예수님은 지금 베드로에 대한 용서의 선포뿐만이 아니라, 복음 전파와 생명 구원의 사명을 맡기고 계신다. 오늘 우리도 마찬가지다. 우리의 죄가 예수님을 통해 십자가에서 완전히 씻겼음을 선포하셨고, 땅 끝까지 이르러 복음을 전파하며 예수님의 증인으로 살아가도록 교회를 세우셔서 음부의 권세가 이기지 못함을 담대하게 선포케 하셨다. 지금 예수님의 말씀에서 용서와 사명의 새로운 출발이 선언되었음을 믿고 영적 전쟁의 최전선으로 나아가도록 하자.

⑧ 시몬 베드로가 누구인지 묘사하는 부분들을 찾아보십시오.

해답 어부(2절), 죄인(8절), 예수를 따르는 사람(11절).

해설 어부로 사는 인생의 최대 관심사는 '물고기'며, 죄인의 마지막은 죽음이다. 여기까지는 누구에게나 해당되는 세상의 삶의 자리다. 예수님을 만나기 전 어떤 인생도 이 관심과 이 마지막에서 자유하지 못하고 살아간다. 그러나 예수님을 만난 사람은 이제 이 모든 자리에서 예수님과 함께 동행하며 따르는 제자의 삶을 시작할 수 있게 된다. 사람을 취하고, 생명을 살리고, 구원의 기쁜 소식을 전하는 복음 전파자로 살아가야 한다. 혹시 당신은 아직 어부의 삶에서 벗어나지 못하고 고기 잡는 일에만 몰두하며 숨 가쁘게 살아가고 있지는 않는가? "죄와 사망의 법에서 생명의 성령의 법이 우리를 해방하였다"는 기쁜 소식을 아직도 믿지 못하고 예수님과 관계없는 인생처럼 "나를 떠나소서"만 외치고 살아가는 죄인의 자리에 머물러 있지는 않는가? 이제는 우리를 제자로 삼으시고 또 가서 모든 족속을 제자로 삼으라고 말씀하신 주님의 명령을 따라 성령의 권능으로 하나님 선교Missio Dei를 확장해가는 교회와 성도로 살아가도록 하자. 주저하지 말고, 예수만 끝까지 따라가자.

⑨ 11절의 '그들'은 누구를 이야기하는 것일까요?

[해답] '시몬의 동업자'인 야고보, 요한(10절), 베드로.

평행 본문 마태복음과 마가복음에서는 이와 비슷한 상황의 이야기를 하면서 베드로의 동생 '안드레'도 함께 있었다고 기록한다.

[해설] 야고보와 요한은 베드로의 동업자였다. 이제까지 어부로 살면서 그들은 오랫동안 동업자로 살아왔을 것이다. 세상의 수익들을 위한 삶의 자리에서 함께했던 동업자들이 이제 평생을 하나님 일에 '동역자'로 살게 될 그 사건을 우리는 목격한다. 그리고 그 출발은 그들의 인생이 다하는 날까지 변함없이 그리스도에 대한 충성으로 각자에게 주어진 사역을 완성해감으로 마무리된 것을 우리는 안다.

당신은 세상의 인연을 하늘의 인연으로 바꾸어 함께 하고 있는 그런 사람이 있는가? 어쩌면 지금 내가 섬기는 교회에서 만난 그 많은 인연들이 하나님의 사업에 함께하는 파트너로 만나게 하신 신앙의 동역자들이 아닐까? 나의 배우자와 자녀들도 마찬가지다. 함께 할 이가 없어 못한다는 봉사가 이제는 없기를 바란다. 이미 많은 동역자를 주셨기에.

⑩ 새로운 출발을 하고 있는 모습들을 살펴보십시오.

[해답] 모든 것을 버려두고 예수를 따르니라(11절).

[해설] 그들이 버려둔 것들을 기록해보자. 배, 그물, 조금 전 잡은 많은 양의 물고기. 평행 본문인 마태복음과 마가복음을 보면, 야고보와 요한은 아버지 세베대와 삯군들을 남겨둔 채 떠났음을 알 수 있다. 여기서 우리는 그리스도의

제자가 되는 중요한 공식을 얻게 된다.

1) 약속-이제 후로는 사람을 취하리라 2) 포기-모든 것을 버려두고 3) 출발-예수를 따르니라

우리는 예수님을 믿고서도 여전히 예수님보다 예수님을 통해서 무언가 something를 얻는 것이 신앙인 것처럼 착각하며 살 때가 많다. 때로는 신앙의 전부everything를 이 도식으로만 풀어내려고 한다. 그래서 신앙생활을 잘하면 내 인생의 그물에도 찢어질 정도로 많은 고기를 잡는 날이 반드시 와야 하고, 세상에서 바라는 것들과 원하는 것들을 이전보다 더 많이 소유하게 되는 것이 하나님이 주신 은혜이며 신앙의 결과라고 생각한다. 그러나 진정 우리가 소망해야 하는 것은 'Jesus+something=everything'이 아니라 'Jesus+nothing=everything'이다. 예수님 말고는 아무것도 없어도 그게 나의 전부가 됨을 고백하는 것이 제자가 되는 길이다. 교회가 모든 것을 다 잃어버려도 예수만 붙잡고 있으면 everything이 되는 것이다. 사탄은 교회 건물을 부술 수도 있고, 교회의 재정을 메마르게 할 수도 있다. 그러나 우리 가슴속에 있는 십자가만큼은 빼앗을 수 없다. 예수만 붙들고 '그것이 나의 전부입니다'를 고백할 수 있는 교회와 성도가, 진짜 주님이 쓰시는 교회요, 성도요, 제자들인 것을 믿기를 바란다. 사탄은 예수 다음에 something을 붙이며 살라고 유혹한다. 그것이 신앙의 everything이라고 속삭인다. 교회 다녔으면 잘 돼야 한다고, 예수 믿었으면 복 받아야 한다고, 그게 신앙의 본질이라고 거짓말한다. 그러나 예수님 말고 아무것도 내 인생에 주어지는 것이 없어도, 흔쾌히 예수님을 따라갈 수 있다면, 당신은 분명 예수 그리스도가 이 시

대에 부르시고, 원하시는 제자가 될 수 있다. 오직 예수! 나의 소망, 나의 기쁨, 나의 소유.

2장 인생을 바꾼 열정

① 이 두 사건이 일어난 장소는 어디인가요?

해답 여리고.

해설 여리고는 요단 서쪽 8킬로미터, 예루살렘 북동쪽 24킬로미터 지점에 위치한 아름다운 경관을 가진 도시였다. 팔레스타인 각처로 통하는 길목이어서 통관세를 거두어 로마 정부에 바치는 세관이 있던 곳이기도 하다. 헤롯 왕이 구여리고에서 1.5킬로미터 떨어진 곳에 여리고 신도시를 건설하기도 했다. 구약 시대에는 '야자나무의 도시'라는 별칭을 가질 만큼 오아시스와 야자수 나무가 많은 도시이며 군사 요충지이자 교통의 중요한 통로가 된 도시이기도 했다. 당연히 인구가 많았고, 사람들이 많이 모여 사는 도시 중 하나가 바로 여리고였다. 성경에 "여리고에 가까이 가셨을 때에", "여리고로 들어가 지나가시더라"고 기록된 것을 보면 이 두 사건은 연속해서 일어난 사건이었음을 알 수 있다.

② 두 사건의 주인공들은 어떤 사람들이었나요?

해답 한 명은 구걸하던 맹인, 다른 한 명은 세리장 삭개오.

해설 두 사람은 겉으로는 신분의 차이가 큰 것처럼 보인다. 그러나 당시 통념 상 신체에 결함이 있는 사람이나, 세리라는 직업은 '죄'와 연관되어 있었다. 신체장애를 가진 사람들은 부모나 본인의 죄 때문에 하나님께 벌 받은 것이라고 생각했고, 로마 정부 밑에서 세금 징수를 하는 직업을 가진 세리도 가난한 백성을 수탈하는 죄인으로 여겼다(가바이-술, 곡식 등 상품에 부과하는 세금, 미크사-통관물에 부과하는 세금 / 세리들은 로마 정부에 고정 금액만 세금으로 납입하면 되었고, 그 이상 징수한 것들은 자신들이 수탈해도 합법적인 보호를 받을 수 있었다). 누가복음 19장 7절에서 백성들이 삭개오의 집에 들어가시는 예수님을 향해 수군거리며 "저가 죄인의 집에 유하러 들어갔도다"라고 말하는 것과 요한복음 9장 2절에 "제자들이 물어 이르되 랍비여 이 사람이 맹인으로 난 것이 누구의 죄로 인함이니이까 자기니이까 그의 부모니이까"라고 묻는 장면을 보면 당시 사람들의 생각을 알 수 있다.

'삭개오'라는 이름은 '청결한, 의로운'이라는 뜻이다. 하지만 삭개오는 자신의 이름처럼 살지 못했다. 오늘 본문에 나오는 두 사람은 똑같이 '죄인'이라는 인식을 가지고 살아가야 했던 사람들이다. 그런 그들이 오늘 예수님을 만난 것은 우리가 주목해봐야 할 대목이다.

③ 그들이 예수님을 만날 수 있었던 발단은 무엇인가요?

해답 맹인: 평소보다 많은 사람들이 지나가는 소리를 듣고 관심을 가지고 주변 사람에게 물음(18:36).

삭개오: 예수께서 어떠한 사람인가 보고자 하는 호기심(19:3).

해설 우리들은 어떤 사람이나 사물 혹은 사건에 대해 호기심을 가지고 관심을 보일 때가 있다. 그 호기심의 대상이 잘못되었을 때는 인생의 비극을 경험하기도 하지만, 호기심 때문에 상상할 수 없는 인생의 전환점을 갖기도 한다. 예수님에 대한 호기심과 관심은 맹인과 삭개오뿐 아니라, 누구든지 그의 인생 전부를 바꿀 수 있는 능력으로 채워질 수 있다. 아직도 우리에게 신비한 예수님은 내 관심과 호기심이 채워질 때마다 내 인생을 하늘 소망을 꿈꾸는 인생으로 바꾸어가실 것이다.

(내가 아는 교인의 어머니는 동네 사람들이 모여 '화투' 치는 곳에 우연히 가서 구경을 하게 되었다. 그리고 호기심에 자신도 함께 하게 되었다. 그 단순한 호기심이 나중에는 전문 도박장까지 출입하게 만들었고, 결국에는 자식들이 많은 액수의 돈을 갚아야 하는 결과에 이르렀다. 미국에서 마약에 중독된 아이들을 돌보는 전도사님을 만나 이야기를 나눈 적이 있었다. 도박이나 마약을 끊기 위해서는 그동안 중독된 시간에 여섯 배 이상의 시간을 들여야만 완치가 가능하다고 한다. 도박이나 마약에 1년 정도 습관을 들였다면 완전히 그 중독에서 벗어나기 위해 6년을 돌보며 치료해야 한다는 것이다. 작은 호기심이 그리고 관심이 인생 전부를 병들게 하는 원인이 될 수도 있다.)

④ 그들이 처음에 예수님을 만날 수 없었던 이유는 무엇인가요?

해답 맹인: 앞을 보지 못하기 때문에 예수님이 어디에 계신지를 볼 수 없었다(38절). 그리고 앞서 가는 자들이 그를 꾸짖으며 조용하라고 나무랐다(39절).

삭개오: 키가 작아 사람 너머로 예수님을 볼 수 없었다(3절). 그리고 많

은 사람들이 예수님 주변을 감싸 예수님 앞으로 다가갈 수 없었다(4절).

해설 오늘도 우리는 신앙생활을 하며 이런 경험을 하고 있지는 않은가? 자신의 내적인 문제나 사람들 때문에 생기는 외적인 문제 때문에 예수님을 만날 수 있는 기회를 잃어버린 채로 그냥 체념하고 살아가고 있지는 않은가? 우리는 맹인과 삭개오처럼 앞을 보지 못하는 자신, 남들보다 키가 작은 자신의 문제 때문에 하나님 일을 하는 데 주저할 때가 있다. 또는 예수님과 함께 앞서서 가는 무리들로부터 '조용히 하라'는, '네가 낄 자리가 아니'라는 꾸짖음 때문에 예수님을 만나지 못할 때도 있다. 예수님을 지금 나보다 더 가깝게 만나고 있는 무리들이 장벽이 되어 예수님을 볼 수 없도록 만들기도 한다. 신앙생활을 하며 나를 예수님께로 가지 못하게 만드는 내적인 문제와 외적인 문제에 겁을 먹지 마라. 오히려 그 문제가 예수님에 대한 당신의 열정을 증폭시키는 축복이 될 것이다.

⑤ 그 문제를 어떻게 극복했으며 그 의미는 무엇인가요?

해답 맹인: 더욱 크게 소리를 질렀다(18:39).

삭개오: 앞으로 달려가 돌무화과 나무에 올라갔다(19:4).

해설 맹인이 더 크게 소리 질렀다고 할 때 쓰인 단어는 'κραζω'인데, '의성어'로써 까마귀가 깍깍대며 우는 소리를 표현한 단어다. 맹인은 주위 사람들이 꾸짖어도 더 크게 소리 질러 예수님을 만나보고자 했다. 옆에 있는 사람들이 시끄럽다고 해도 예수님을 만나겠다는 그의 관심을 꺾을 수 없었다. 그때 맹인이 외치는 소리가 예수님의 발걸음을 멈춰 세웠다. "예수께서 머물러 서서 명하여 그를 데려오라 하셨더니"(눅 18:40). 그리고 사람들이 그를 예수님께로 데려왔다. 보지 못하여 예수님이 어디 계신지 알 수 없었고, 그래서 예수님께로 다가갈 수 없었던 이 맹인은 앞을 못 보는 자신의 문제도, 자신을 꾸짖어 멈추게 하려는 타인의 문제도 모두 극복하고 드디어 예수님을 만나게 되었다. 삭개오는 어떤가? 그는 체면불구하고 아이처럼 나무 위로 올라갔다. 누가가 그의 이름과 직업까지 기록해주고 있으니, 당시에 여리고에서 삭개오를 모르는 사람은 없었을 것으로 추측된다. 그럼에도 그는 나무 위로 올라가 예수님을 보고자 했다. 또 한 가지 삭개오에게서 주목해야 할 모습이 있다. 앞으로 달려갔다는 것이다. 그가 달려간 앞은 어디인가, 바로 예수님이 도착하실 곳이었다(19:4f, 5절이 설명한다. "…… 예수께서 그리로 지나가시게 됨이러라", "예수께서 그곳에 이르사……"). 그가 달려가는 길이 예수님과 무관한 길이었다면 삭개오의 수고는 헛되었을 것이다. 오늘 우리도 마찬가지다. 교회에서 또는 신앙생활의 모든 자리에서 열심을 내어 앞으로 달려간다고 하는데, 예수님이 지나가시는 길이 아니라면, 그 열심은 헛것이 된다. 오늘도 예수님의 발걸음을 멈춰 세울 만한 뜨거운 외침이 있는가? 지금 나는 예수님이 가시고자 했던 그 길, 예수님이 가고자 하시던 그곳을 향하여 달려가고 있는가? 길이요, 진리요, 생명이신 예수님을 만나기 위해 포기하지 말고 외쳐라! 멈추지 말고 달려가라! 그러면 "네게 무엇을 하여 주기를 원하느냐?", "내려오라, 내가 오늘 네 집에 유하여야 하겠다" 하시는 주님의 음성을 듣게 될 것이다. 내가 그렇게 만나고자 했던 예수님을 분명히 만나게 될 것이다.

⑥ 예수님을 만난 맹인과 삭개오는 어떻게 달라졌나요?

해답 맹인: "곧 보게 되어", "하나님께 영광을 돌리며 예수를 따르니", "백성
이 다 이를 보고 하나님을 찬양하니라."

삭개오: "내 소유의 절반을 가난한 자들에게 주겠사오며 만일 누구의
것을 속여 빼앗은 일이 있으면 네 갑절이나 갚겠나이다."

해설 맹인으로 살면서 이 사람은 보고 싶은 것들이 얼마나 많았을까? 무엇을
해주기를 원하느냐고 묻는 예수님께도 주저하지 않고, 보기를 원한다고 대답
하지 않았나? 그러면 이제 보게 되었으니 세상에서 보지 못했던 것들을 보러
달려가야 하지 않을까? 생후 19개월에 열병으로 3중장애를 입은 헬렌 켈러
가 이렇게 말했다.

"만약 내가 3일 동안 볼 수 있다면, 첫 날에는 나를 가르쳐준 설리번 선생님을
찾아가 그분의 얼굴을 보겠습니다. 둘째 날엔 새벽에 일찍 일어나 먼동이 터
오는 모습을 보고 싶습니다. 그리고 셋째 날엔 아침 일찍 큰 길로 나가 부지런
히 출근하는 사람들의 활기찬 표정을 보고 싶습니다. 그리고 사흘간 눈을 뜨
게 해주신 하나님께 감사의 기도를 드리고 싶습니다."

맹인은 자신의 소원대로 눈을 뜨게 되었다. 예수님을 만나고 기적이 일어난
것이다. 그러나 이것이 성경이 우리에게 말하려는 결말일까? 그 이후 맹인의
모습을 주목해보자. "하나님께 영광을 돌리며 예수를 따르니" 바로 이 말씀에
정답이 있다. 예수님을 만나는 사람은 예수님을 따르는 사람이 되어야 한다.
그리고 더 중요한 것은 그렇게 하나님께 영광을 돌렸던 맹인의 모습을 본 사
람들이 하나님을 찬양하게 되었다는 사실이다. 세상이 예수님을 믿는 나를

보고 하나님을 찬양하는가? 세상 사람들이 교회를 보고 교회의 주인이신 예수님을 만나고 싶어 하는가?

예수님을 만난 삭개오도 변화되었다. 그는 이제까지 자기가 모은 모든 재산의 절반을 가난한 자들에게 주고, 세리라는 직업을 가지고 남의 것을 속여서 빼앗은 일에 대하여는 네 배로 갚겠다고 예수님께 고백했다. 예수님을 만난 사람은 질적으로 변화되어야 한다. 그러나 우리는 양적인 변화에 더 관심을 두고 살아간다. 내 것이 늘어나야 축복이고 은혜라고 생각하고, 내 것이 줄어들면 슬픔이고 고통이라고 좌절하지 않는가? 사도행전에 나오는 초대교회의 모습을 보자. "하나님을 찬미하며 또 온 백성에게 칭송을 받으니 주께서 구원 받는 사람을 날마다 더하게 하시니라"(행 2:47). 왜 백성들이 초대교회를 칭송했을까? 바로 앞 절에 나오는 "날마다 마음을 같이하여 성전에 모이기를 힘쓰고 집에서 떡을 떼며 기쁨과 순전한 마음으로 음식을 먹고"(행 2:46)라는 종교생활 때문인가? 아니다. 그 앞 절에 나오는 "또 재산과 소유를 팔아 각 사람의 필요를 따라 나눠 주며"(행 2:45)와 같은 사랑과 믿음의 실천 때문이다. 교회 안에서 행해지는 종교 활동이 감동을 주지 않는다. 세상 속에서 세상 사람들과 함께 살아가면서 실천하는 신앙생활이 영향을 주고 감동을 주어, 세상 사람들로 하여금 예수님에 대한 관심을 갖게 하고, 자신도 그 공동체의 일원이 되어 함께 살아가고 싶게 만드는 것이다.

⑦ 예수님은 그들에게 무엇이라고 말씀하셨나요?

해답 맹인: 네 믿음이 너를 구원하였느니라.

삭개오: 오늘 구원이 이 집에 이르렀으니 이 사람도 아브라함의 자손임이로다. 인자가 온 것은 잃어버린 자를 찾아 구원하려 함이니라.

해설 예수님이 맹인에게서 본 믿음은 무엇인가? 당신은 맹인의 믿음이 보이는가? 맹인은 예수님을 "다윗의 자손 예수여", "다윗의 자손이여"라고 불렀다. 이 호칭은 모두가 부르는 호칭이 아니다. 메시야에 대한 신앙과 믿음을 가진 사람들만이 고백적으로 부르는 호칭이다. 메시야를 기다리던 유대인들이 다윗의 후손 가운데 오실 메시야를 기대하며 간직한 신앙이 바로 이 호칭에 담겨 있다. 맹인은 예수님을 메시야로 고백하고 있었다. 그래서 예수님은 그에게 "네 믿음이 너를 구원하였느니라"라고 말씀하신 것이다. 예수님이 맹인의 믿음을 보셨다는 것을 기억하자. 단순히 불쌍해서 그를 만나주시고, 보지 못한 그를 보게 해주시기 위해서 찾아오신 것이 아니다. 예수님은 하나님의 구원을 완성하기 위해서 오신 것이다.

그런 의미에서 삭개오에게 하신 말씀을 다시 들여다보자. 예수님은 당신이 이 땅에 오신 이유와 목적을 여기서 말씀하신다. "인자가 온 것은 잃어버린 자를 찾아 구원하려 함이니라." 삭개오의 집에서 식사 한 끼 대접받으려고 여리고에 오신 것이 아니며, 맹인의 눈을 뜨게 해주기 위해서 오신 것이 아니다. 똑같이 그들에게 전하신 말씀 속에 예수님은 '구원'을 선포하셨다. 인간의 구원을 위해 오신 메시야, 죄와 사망의 권세를 깨뜨리고 생명과 성령의 법을 선포하기 위해 오신 예수님, 우리가 예수님을 만나야 하는 장소는 바로 여기다. 눈을 뜨고, 세상 것 조금 더 풍족하게 얻고 사는 그 자리가 아니라, 내 죄가 용서받고, 나의 구원이 선포되는 그 십자가의 자리가 예수님을 참으로 만나는 자리가 된다. 바로 거기에 예수님이 오신 목적이 선명하게 보인다. 그런 의미에서 맹인과 삭개오가 예수님을 만난 그 자리는 신앙의 마지막이 아니라 출발점이 되어야 한다.

3장 기적을 낳는 순종

① 이 장의 본문에 여러분이 제목을 붙인다면 무엇이라고 하시겠습니까? 그리고 그 이유는 무엇인가요

해답 예수님의 첫 이적, 가나의 혼인 잔치, 물이 포도주로 변한 기적 등 자유롭게 표현하기.

해설 어떤 제목을 붙이든 다 좋다. 하지만 "기적을 낳는 순종"이라는 제목은 어떨까? 4복음서 중 유일하게 요한복음에만 기록되고 있는 이 사건을 지금부터 자세히 살펴보자.

② 본문에 나오는 집은 어떤 집이며 또한 어떤 문제가 생겼나요?

해답 혼인 잔칫집이며, 손님에게 대접할 포도주가 떨어졌다.

해설 유대인의 결혼은 보통 세 단계를 거친다.

1) 약혼: 신랑, 신부의 아버지가 서로 합의를 통해 결혼을 약속(당시 유대인 남자는 최소 13세, 여자는 최소 12세가 되어야 결혼할 수 있었다.)

2) 정혼: 율법에 따라 신랑이 신부에게 지참금을 건네고, 신랑과 신부는 신

부 측 집에서 증인들 앞에 서약을 하며 예물을 교환한다. 정혼의 기간은 보통 1년에서 그 이상이 된다. 법적으로 이미 이 단계에서 부부가 되지만, 동거는 할 수 없다.

3) 결혼: 신랑이 신부를 자기 집으로 데리고 와서 '후파(사방 2미터의 천막)' 아래에서 랍비의 주례로 결혼식을 한다. 혼인 증서, 서약, 신랑, 신부 술잔 교배 등을 마친 후 1~2주 정도 결혼 잔치를 거행한다.

유대인의 풍습에 최고의 축제 자리 중의 하나가 결혼식이다. 이때 신랑 신부의 결혼을 축하해주러 온 하객들에게 잔치 음식을 대접하는데, 포도주는 그 모든 분위기를 돋우어주는 중요한 역할을 했다. 그런데 지금 포도주가 떨어져 그 흥이 모두 깨져버릴 위기가 찾아온 것이다. 그렇게 되면 이 잔치의 주인공은 하객들의 비난을 감수해야만 한다.

③ 예수님의 어머니는 예수님께 무엇을 말했습니까? 그리고 예수님은 어떻게 대답하셨나요?

해답 마리아: 저들에게 포도주가 없다.

　　　　예수님: 여자여, 나와 무슨 상관이 있나이까, 내 때가 아직 이르지 아니하였나이다.

해설 예수님의 어머니 마리아는 예수님에게 와서 잔칫집의 문제를 이야기하고 있다. '저들에게'라고 3인칭으로 말하는 것을 보면, 이 문제는 마리아 자신의 문제가 아니다.

나와는 직접적인 관계가 없을 때 우리들의 심리는 어떤가? 내 문제처럼 그것을 끌어안고 하나님 앞으로 조용히 다가가는가? 그렇지 않은 경우가 많다. 내 문제가 아니면서, 나에게 손해가 되거나 불편해질 경우에 우리는 잘못을 비난하기 바쁘다. 불평과 불만이 먼저 나오기도 한다. 사실 학자들은 이 집이 마리아와 인척 관계의 집이었을 것이라고 추측하지만, 엄밀히 말하면 이것은 마리아의 문제도 아니고 예수님의 문제도 아니다. 그런데 마리아는 이 문제를 가지고 예수님께 찾아와 먼저 아뢰고 있다. 보통 우리는 내 문제가 아닌 경우에는 관대하지 못하다. 또한 내 문제가 아닌 것을 내 것으로 끌어안는 수고를 하지 않는다. 신앙생활을 하는 교회 공동체 안에서 우리는 내 문제가 아니었을 때, 어떤 태도로 그 문제들을 대하는가? 마리아가 내 문제가 아니어도 예수님에게로 나아가 그 문제를 먼저 아뢰는가? 아니면 그 문제의 원인을 탓하며 타인을 비난하기 바쁜가? 마리아와 같은 신앙과 태도가 우리가 가져야 할 자세다. 불평과 불만, 비난의 화살을 먼저 쏠 준비를 하기보다는 공동체의 아픔을 내 문제로 끌어안고 하나님 앞에 무릎 꿇을 수 있는 성도와 교회가 되기를 바란다.

아닥사스다 왕 때 왕의 술 관원이었던 느헤미야는 예루살렘에 남아 있는 자들이 큰 환난과 능욕을 당하고 성은 허물어지고 성문은 불탄 채로 있다는 소식을 듣는다. 그러자 느헤미야는 수일을 울며 기도한다. 금식하며 기도하고, 주야로 기도한다. 그의 기도는 성경의 표현대로 "이스라엘 자손을 위하여", "나와 내 아버지의 집이 범죄하여" 자복하는 기도였다. 느헤미야가 이스라엘의 죄를 자신의 죄인 것처럼 하나님 앞에 눈물로 기도하며 회개했을 때, '하나님의 선한 손이' 도우시는 역사를 경험했다. 그래서 무너진 성벽을

재건하고 하나님께 영광을 돌리는 일들을 감당할 수 있었다. 이 시대에 느헤미야처럼 공동체의 문제를 가지고 눈물로 하나님 앞에 호소하고 기도할 수 있는 사람, 마리아처럼 타인의 문제를 가지고 주님께 먼저 찾아갈 수 있는 사람이 바로 우리가 되기를 바란다.

(이 말씀에서 예수님이 어머니를 향해 '여자여!'라고 부르는 것은 어머니를 하대하는 표현이 아니다. '여자여'라는 단어 '귀나이γυναὶ'는 존칭 호격으로 쓰이는 단어이며, '왕후나 자기 아내를 다정스럽게 부를 때도 이 단어를 사용한다. 요한복음 19장 26절에서 십자가에서 예수님이 사랑하는 제자에게 어머니를 부탁하면서 마리아를 부를 때도 이 단어를 사용하고 있다. 우리 말 번역상 이 말뜻을 온전히 전달하기는 힘든 단어다.)

어머니 마리아가 포도주가 떨어졌다는 사실을 예수님에게 알리자 예수님은 두 가지를 말씀하셨다.

첫째는 "나와 무슨 상관이 있나이까?"이다. 헬라어 원문은 네 개의 단어 '티 τι(무엇?)', '에모이εμοι'(나), '카이καὶ'(그리고), '소이σοι'(당신)로 구성되어 있다. 이것을 영어 성경에서는 내가 당신과 무슨관계입니까?What have I to do with thee?/KJV , 왜 나를 결부시킵니까?Why do you involve me? / NIV, 그 일이 우리에게 무슨 관계가 있습니까?What does that have to do with us?/NASB로 표현하고 있다. 어떤 번역이든 헬라어 의문사 '티'와 접속사 '카이' 그리고 인칭대명사의 격을 연결하여 의역하고 있기에 그 의미를 나름대로 다 표현하고 있다. 포도주가 떨어진 일이 예수님과 무슨 관계가 있을까? 어머니 마리아는 왜 예수님을 이 일에 끌어들이고 있는가?

우리가 신앙적으로 살아가기를 원한다면, 우리 인생의 어떤 문제든 예수님에게 가져가는 사람이 되어야 하고, 예수님이 내 인생에 어떤 부분이든 관련되기를 원해야 할 것이다. 개인, 가정, 직장, 교회 어떤 자리든 주님과 함께 하기를 원한다면 작든, 크든 모든 것들을 주님께 맡기고 주님의 능력을 기대하자. 주님이 원하시는 길과 뜻을 우리는 찾게 될 것이다(또한 10번 문제의 답을 참조).

둘째는 "내 때가 아직 이르지 아니하였나이다"이다. 요한복음에는 예수님이 어떤 사건과 일에 관하여 말씀하시는 장면에서 '때(호라)ὥρα'라는 단어가 자주 나온다. 일반적인 시기나, 시간을 나타내는 단어지만, 예수님의 일이나 어떤 행동과 관계되어서는 하나님이 정해놓은 시간이나 기간이 있음을 뜻하며, 인간이 결정할 수 있는 시간의 영역이 아님을 강조한다. 하나님의 영광에 맞춰서 결정된 때가 있음을 요한은 이 단어를 사용하여 표현하고 있다(참조: 요 7:30, 8:20, 12:23, 13:1, 17:1 모두 '때-호라'라는 단어를 사용함).

그런 의미에서 요한이 예수님과 관계하여 사용하고 있는 '때-호라'라는 시간은 '크로노스κρονοσ'가 아닌 '카이로스καιροσ'의 시간으로 하나님의 구속사와 관계된 시간을 뜻한다.

④ 예수님의 어머니는 혼인 잔칫집의 하인들에게 무엇을 명하였나요?

해답 무슨 말씀을 하시든지 그대로 하라Do whatever he tells you.

해설 스포츠 브랜드 나이키의 광고 카피에 "Just Do It!(그냥 해!, 바로 해!)"이라는 것이 있다. 고민하지 말고, 망설이지 말고, 미루지 말고 하라는 의미다. 예수님의 어머니 마리아가 하인들에게 하고 있는 이 말을 통해 우리는 마리아의 태도를 신앙적으로 생각해보게 된다. 혼인집의 문제를 예수님에게 나아와 해결을 요청하던 마리아는 이제 하인들에게 예수님의 말씀에 '순종'하는 태도를 견지하도록 하고 있다. 우리가 신앙생활을 하면서 자주 놓치는 대목이 여기에 있다. 문제를 아뢰고, 원하는 것을 요청하면서 정작 하나님의 말씀에 순종하겠다는 결단과 자세에는 관심을 두지 않을 때가 많다는 것이다. '무슨 말씀을 하시든지'는 부담스러워 하고 내가 할 수 있는 말씀, 내가 듣기 좋은 말씀만 관심 갖고 응답하고자 하는, 편식하는 신앙이 우리에게 없는지 생각해보자.

⑤ 예수님은 하인들에게 어떻게 하라고 하셨습니까?

해답 항아리에 물을 채우라, 떠서 연회장에게 갖다 주어라.

해설 이 장면에서 하인들로 번역된 단어는 주인에게 예속된 노예나 종을 뜻하는 '둘로스δουλοσ'가 아니라, 고용된 사람들이나, 일꾼을 뜻하는 '디아코노스διακονοσ'다. 계약된 일에 따라 임금을 받을 수 있고, 자기주장이나 생각에 대해서 종이나 노예보다 더 자유로울 수 있다. 그러나 이들은 예수님이 말씀하신 것에 대해 반문하거나, 거절하지 않았다. 예수님께서 항아리에 물을 채우고 그것을 연회장이 맛을 보도록(9절) 지시했을 때, 이 일에 대해 자신들의 생각을 우선 표현하지 않았다. 그저 말씀하신 대로 행동했을 뿐이다.

'디아코노스'라는 이 단어를 성경에서는 사도와 교회 지도자들을 말할 때에도 사용하고 있다. 로마서에서 바울이 뵈뵈를 겐그레아 교회의 '일꾼'(롬 16:1)이라고 소개할 때에도 '디아코노스'라는 단어를 사용했다. 또한 에베소서에서 바울이 복음을 위하여 자신이 일꾼(엡 3:7)이 되었다고 할 때에도 '디 아코노스'라는 단어를 사용했다. 교회의 일꾼과 복음을 위한 일꾼은 그 일을 맡기시고 그 일을 지시하신 주님께 자신의 생각과 주장을 앞세워 나가기보다, 먼저 순종하는 자리로 나아가야 한다. 교회보다, 복음보다 자신이 더 앞서 나아가서는 안 된다. 교회를 위해, 복음을 위해 일꾼으로 세우신 주님의 말씀에 온전한 순종과 헌신으로 자신의 일을 감당해가는 자세가 먼저 선행될 때 기적이 일어나고, 하나님의 영광이 드러나게 될 것이다.

⑥ 예수님의 말씀을 들은 하인들은 어떻게 행동했습니까?

해답 물을 항아리에 아귀까지 채워 연회장에게 가져다주었다.

해설 예수님은 "항아리에 물을 채우라"고만 하셨지 어디까지, 얼마만큼 채우라고 말씀하지 않으셨다. 그러나 하인들은 가득 채웠다. 그리고 그 물을 연회장에게 맛보도록 가져다 주기까지 하였다. 당시에 물을 길어다 항아리에 채우는 일은 그만큼 노동력이 추가되어야 하는 일이었다. 더군다나 아귀까지 채울 필요는 없었다. 그러나 예수님의 말씀에 하인들의 순종이 더해지자 기적이 일어났다. 말씀에 대한 순종은 기적을 낳는다. 무슨 말씀이든지 그 말씀을 믿고 그대로 하면 상상할 수 없는 하나님의 기적을 우리의 삶 속에서 경험할 수 있다.

하인들의 행동과 예수님의 말씀을 마리아가 말한 내용을 기초로 간단한 도식으로 만들어보자.

마리아 : 무슨 말씀을 하시든지 그대로 하라

도　식 : 무슨 말씀을 하시든지 + 그대로 하라 = ⬚

　　　　항아리에 물을 채우라(예수님) + 아귀까지 채우니(하인들) = ⬚

　　　　갖다 주라(예수님) + 갖다 주매(하인들) = ⬚

결　과 : 예수님의 말씀 + 하인들의 순종 = 기적(물이 포도주 됨)

⑦ 여섯 개의 돌항아리는 용도가 무엇이었습니까?

해답 유대인의 정결예식Purificatory Practice을 따라 식사 전후(막 7:2~3) 또는
　　　잔치 초청객의 손을 씻는 풍속에 따라 사용하는 물을 담아두는 항아리
　　　였다.

해설 이 잔칫집에서 사용된 돌항아리는 하나 당 대략 80~120리터가 들어가
는 항아리다. 이런 항아리가 모두 여섯 개라고 했으니 대략 480~720리터의
양이었음을 알 수 있다. 이제 하객들의 손 씻는 물이 마음에 기쁨을 주는 포도
주로 변화되었다. 이를 두고 어떤 신학자는 유대교의 정결예식을 따르는 율
법의 물이 기독교의 믿음이라는 복음의 포도주로 변화된 사건이라고 말했다.
C. S. 루이스는 사실 하나님은 매년 물을 포도주로 변화시키시는 데(농업과 자
연 발효 과정을 통해), 예수님이 당시에 그것을 지금 단축시켰을 뿐이라고 말하
기도 했다.

빈 항아리가 될 때 주님이 채워주시는 은혜를 온전히 경험할 수 있다. 주님
은 아나니아에게 바울의 눈을 뜨게 하도록 보내시면서 "이 사람은 내 이름을
이방인과 임금들과 이스라엘 자손들에게 전하기 위하여 택한 나의 그릇이
라"(행 9:15)고 말씀하셨다. 자신의 인간적인 모든 자랑을 배설물로 버리며 그

리스도만 알기를 원해 비웠을 때 그 택한 그릇은 하나님의 것을 채워 이방인의 사도로 놀랍게 사용되어졌다.

⑧ 연회장의 반응과 신랑의 입장은 어떤 것이었나요?

해답 연회장의 반응: 물로 된 포도주를 맛보고 신랑을 칭찬함.

신랑의 반응: 잔칫집에 포도주가 떨어짐으로 비난받을 상황에서 오히려 칭찬을 받게 됨.

해설 연회장은 물로 된 포도주를 맛보고 좋은 포도주임을 알았다. 그리고 일반적으로 잔칫집에서는 좋은 포도주를 먼저 내어놓고 사람들이 취했을 때 좋지 않은 포도주를 내놓는 데 그 결혼식의 신랑은 오히려 더 좋은 포도주를 나중에 하객들에게 대접했다고 칭찬을 했다. 그러나 그 모든 일이 어떻게 이루어졌는지는 모르고 있다. 신랑은 잔칫집에 포도주가 떨어져 걱정하며 수치와 곤란을 겪어야 했지만 오히려 칭찬과 문제의 해결을 예수님을 통해 얻게 되었다.

본문에 나오는 사람들을 한 번 정리해보자.

1) 연회장: 은총의 근원을 알지 못하고 엉뚱한 곳을 주목하고 있다.

2) 신랑: 잔치를 잘 준비하지 못함으로 원망을 들어야 할 자리에서 오히려 예수님 덕에 행운을 얻었다.

3) 제자들: 예수님의 표적을 보고 믿었다(11절).

4) 마리아: 문제를 가지고 예수님을 조용히 찾아왔다.

5) 하인들: 아귀까지 물을 채웠고, 반문 없이 조용히 예수님의 말씀대로 그 물

을 연회장에게 가져다주며 끝까지 예수님의 말씀에 순종했다.

개인의 신앙 영역에서든, 교회 공동체 안에서든 우리의 행동과 생활이 누구를 닮아야 할까? 본문에 나오는 각 사람들의 모습을 보면서 우리 스스로가 답해보자.

⑨ 제자들의 반응은 어떠했습니까?

해답 예수님의 표적을 보고 믿었다.

해설 예수님이 가나에서 행하신 첫 이적을 보고 제자들이 예수님을 믿었다고 요한은 말하고 있다. 요한복음 6장에서 무리들은 예수님이 보리떡 다섯 개와 물고기 두 마리로 5,000명을 먹이신 사건에 나타난 표적을 보고 '세상에 오실 그 선지자'라고 말하며 억지로 잡아 임금을 삼으려고 했다(요 6:15). 바리새인들은 예수님께 하늘로부터 오는 표적을 구하며 시험하고자 했다. 그때 예수님께서는 탄식하시며 "어찌하여 이 세대가 표적을 구하느냐 내가 진실로 너희에게 이르노니 이 세대에 표적을 주지 아니하리라"(막 8:11~12) 말씀하셨다. 이 표적 요구는 칠병이어의 기적 사건 이후에 달마누다 지방으로 가셨을 때 바리새인들이 예수님을 힐난하며 더 큰 기적을 요구한 사건을 말한다. 표적을 보고 믿으면 사람들은 더 큰 표적을 보고 싶어 한다. 감기를 낫게 하셨으면, 암을 치유하는 기적을 요구하고, 암이 고쳐졌으면 죽은 사람을 살리시는 기적을 보고 싶어 한다. 표적이나 기적이 말씀보다 더 큰 믿음을 갖게 할 것 같지만 실제로는 그렇지 않다. 도마에게 예수님은 말씀하셨다. "너는 나를 본고로 믿느냐 보지 못하고 믿는 자들은 복되도다"(요 20:29).

⑩ 이 표적은 몇 번째 나타난 표적이었나요? 그리고 예수님이 마지막으로 보여주신 표적은 무엇인가요?

해답 가나의 이적은 첫 번째 표적이었다. 그리고 마지막 표적은 십자가에서 죽으심과 사흘 만에 부활하신 것이다.

해설 표적miraculous sign이라고 본문에 나오는 단어는 헬라어로 '세메이온 σημειον'이다. 이 명사는 '세마σημα', '예고하다'라는 단어에서 파생되었다. 신의 의지를 인간에게 나타내는 표징을 뜻하는 단어다. 예수님 당시에 사람들도 그랬지만 우리도 신앙생활을 하면서 표적의 주체보다 '표적' 자체에 관심을 더 기울일 때가 많다. 표적은 하나님의 영광을 수반하고 예수님을 믿게 하는 데에 도움은 줄 수 있지만 표적이 예수님보다 더 중요할 수는 없다. 그런 의미에서 요한복음 12장 37절의 "이렇게 많은 표적을 그들 앞에서 행하셨으나 그를 믿지 아니하니"라는 말씀이 주는 교훈은 크다. 물로 포도주를 만든 예수님의 첫 번째 이적은 예수님의 마지막 십자가 사건과 비교가 된다. 물로 포도주를 만들어 사람들에게 잠시 기쁨을 주었지만, 십자가에서 흘린 예수님의 보혈은 사람들에게 영생을 주는 하나님의 구원을 완성하는 기적 사건이 되었다.

물을 포도주로 변화시키신 예수님의 첫 번째 표적은 단순히 물로 포도주를 만들었다기보다, 더 많은 의미를 우리에게 전해준다. 먼저 색깔이 변화되었다. 무색의 물이 붉은색의 포도주로 변화된 것은 예수님을 통해서 우리의 인격이 변화될 수 있다는 것을 가르쳐준다. 무미의 물이 맛있는 포도주로 변화된 것은 예수님을 통해서 우리의 삶이 맛있게 변화될 수 있다는 것을 가르쳐준다. 무취의 물이 향기 있는 포도주로 변화된 것은 예수님을 통해서 우리는 그리스도의 향기를 전하는 삶으로 변화될 수 있다는 것을 가르쳐준다. 씻는 물의 용도에서 기쁨을 주는 포도주로 변화된 것은 예수님을 통해서 어떤 인생도 가치 있는 인생으로, 삶의 내용과 목적이 바뀔 수 있다는 것을 가르쳐준다.

4장 삶의 방향을 바꾼 만남

① 본문의 사건은 언제 일어났습니까?

해답 예수님께서 남쪽 유대에서 북쪽 갈릴리로 가시던 도중에, 사마리아 지역 수가를 지나시던 때, 정오 12시 경 등.

해설 성경의 설명대로라면 예수님이 사마리아 지역에 있던 수가라 하는 동네에 가셨던 것은 예정된 일정이 아니었다. 예수님 당시 남쪽에서 북쪽 갈릴리로 가던 길은 사마리아를 통과해서 가는 길이 가장 빨랐다. 그러나 유대인들이나 바리새인들은 사마리아인과의 민족적 갈등과 신앙적 차이로 시간이 걸려도 먼 길을 선택해서 다니곤 했다. BC 722년 북왕국 이스라엘이 앗수르에 의해 멸망당한 후 앗수르 왕은 피정복민들의 인구 교환 정책을 폈고(왕하 17:24), 많은 이방 사람들이 이스라엘로 이주해 살면서 혼혈인 사람들이 나오게 되었다. 그들이 사마리아인들이며 유대인들은 이런 이방 민족과 혼혈이 된 사마리아인들을 멸시했다. 바벨론 포로 후기 유대로 돌아와서 제2 성전 건축을 할 때 사마리아인들이 돕기를 원했지만 유대인이 이를 거절하면서 민족적인 갈등은 더 커졌다. 결국 사마리아인들은 세겜 근처 그리심 산 위에 자신들의 성전을 건축하게 되었고 유대인들과는 완전히 결별하게 되었다.

가장 뜨거운 햇살이 내리쬐는 정오에 예수님도 피곤하셨다(6절). 예정된 만남도 아니었고, 계획한 일도 아니었는데, 예수님은 사마리아 여인을 만나주셨다. 그 여인의 인생의 큰 변화가 예고되고 있는 것이다.

② 이 여인은 예수님과 자신을 어떻게 구별하고 있나요?

해답 예수님은 유대인으로, 자신은 사마리아인으로 구분했다.

해설 1번 문제에서 설명한 대로 유대인과 사마리아인 간의 관계는 역사적으로, 종교적으로 원수 같은 관계였다. 여인은 그 사실을 지금 유대인인 예수님과 사마리아인인 자신에게도 연결 지으며 말하고 있다. 요한이 부연해서 "이는 유대인이 사마리아인과 상종하지 아니함이러라"고 말하는 구절에서 '상종하다συγχραομαι'라는 단어는 함께 '그릇을 사용하다'라는 뜻이다. 유대인은 사마리아인들이 사용한 그릇조차도 부정하다고 여겨 사용하지 않았으며, 같은 자리에도 앉지 않았다는 것을 강조하고 있다. 그런데 유대인인 예수님이 먼저 사마리아인인 자신에게 말을 걸어온다는 것은, 그리고 물을 달라며 물그릇을 사용하겠다고 하는 것은 이 여인으로서는 이해할 수 없는 행동이 분명했다.

③ 예수님이 말씀하신 '하나님의 선물'은 무엇인가요?

해답 생수.

해설 예수님이 말씀하신 '생수'에 대하여 요한은 예수 그리스도를 믿는 자들이 받을 성령(요 7:37~39)이라고 말하고 있다. 또한 예수 그리스도를 믿는 자에게는 '영생'이 있다(요 3:36)고 말하고 있다. 그러므로 예수님이 이 여인에게 말씀하시는 하나님의 선물은 예수 그리스도를 믿는 자들에게 주시는 '영생'과 '성령'의 임재하심임을 우리는 알게 된다. 그것은 우리의 구원과 직결된다. "너희는 그 은혜에 의하여 믿음으로 말미암아 구원을 받았으니 이것은 너희에게서 난 것이 아니요 하나님의 선물이라"(엡 2:8).

하나님의 선물=생수=성령 / 예수 그리스도=영생=구원=하나님의 선물

"네가 만일 하나님의 선물과 또 네게 물 좀 달라 하는 이가 누구인 줄 알았더라면 네가 그에게 구하였을 것이요 그가 생수를 네게 주었으리라"(요 4:10).

이 말씀에서 예수님은 자신이 누구인지 알면(믿으면) 하나님의 선물(성령, 영생, 구원)을 받게 될 것임을 말씀하고 있다. 이것은 사마리아 여인에게만 해당하는 것이 아니라, 누구에게나 차별 없이 주시는 하나님의 선물이며 은혜이기에 우리에게도 약속되어졌음을 믿어야 한다.

④ 여인은 예수님이 말씀하신 생수를 어떻게 이해하고 있었나요?

해답 여인은 예수님이 말씀하신 생수를 우물물, 다시 육체적으로 힘들고 번거롭게 물 길러 오지 않아도 되는 물로 생각했다.

해설 니고데모에게 거듭나야 한다는 것을 말씀하실 때에도 니고데모 또한 육신적인 차원에서만 예수님의 말씀을 이해하면서 "두 번째 모태에 들어갔다가 날 수 있사옵나이까"(요 3:4)라고 물었다. 이 여인도 육신적인 차원에서 하

나님의 선물인 '생수'를 이해하고 있다. 자신이 목마르지도 않고 그래서 물 길러 다니는 수고도 하지 않게 해달라고. 하지만 예수님은 우리의 육신적인 효용과 편익을 위해 오신 것이 아니다. 그럼에도 우리는 예수님을 믿는 신앙의 차원을 자주 육신적이고 세상적인 것으로만 해석하려고 한다. 조금 더 오래 살고, 조금 더 물질적으로 잘사는 인생이 되는 것이 신앙생활의 척도인 것처럼 생각하고, 현실적 세상의 삶의 자리에만 안주하려고 한다. 하나님이 주시는 선물인 '영생'과 '성령'의 내주하심으로 채워지는 기쁨을 이미 받았다면, 그래서 비록 이 땅에서 살지만 하나님이 함께하심과 다스리심을 고백하며 살아가고 있다면, 우리가 살아가는 지금의 모든 삶이 감사로 채워질 수 있지 않을까? 당신은 예수님이 주시는 하나님의 선물인 '생수'를 어떻게 이해하고 있는가?

⑤ 16~19절에 나오는 예수님과 여인의 대화 내용을 생각해보면서 참과 거짓을 답해보시오.

해답 모두 참.

해설 마태복음 19장을 보면 바리새인들이 예수님을 시험하려고 이혼에 관해 질문하는 내용이 나온다. "사람이 어떤 이유가 있으면 그 아내를 버리는 것이 옳으니이까?(마 19:3)" 이 질문에 나오는 '어떤 이유'에 대해서 당시 사람들은 신명기 24장 1절(사람이 아내를 맞이하여 데려온 후에 그에게 수치되는 일이 있음을 발견하고 그를 기뻐하지 아니하면 이혼 증서를 써서 그의 손에 주고 그를 자기 집에서 내보낼 것이요) 말씀을 근거로 삼아 이혼 사유에 대한 해석을 했다. 랍비들이 해석하는 자기 아내의 '수치되는 일'을 삼마이 학파는 오직 '간음'만 해당한다고 하였고, 힐렐 학파는 '음식을 상하게 하는 일', '길거리에서 다른 남자와 이야기하는 일', 남편 부모를 다른 사람에게 험담하는 일', 옆집에 들리도록 큰 소리를 내는 일' 등으로 남편 위주의 이혼 사유를 다양하게 해석했다. 심지어는 자기 아내보다 더 예쁜 여자를 만나게 되어도 자기 아내를 버릴 수 있는 이혼 사유에 해당하기도 했다. 사마리아인들도 모세 5경 중 하나인 신명기 말씀을 믿었기에 그런 이혼 사유들과 남성 위주의 사회적 관습과 종교적 해석을 따랐고, 이 모든 것들이 사마리아 여인에게 적용되었을 것이라 짐작할 수 있다. 다시 말하면 당시에 여인들은 능동적으로 자기 남편에게 이혼을 요구할 수 없는 불평등한 종교사회적 구조 속에서 가슴 아프고 한스러운 인생을 살아갔다. 남편들에게 말도 안 되는 이유로 이혼을 요구당하며 살았던 여인, 여러 남자들에게 버림받으며 한스러운 인생을 살았던 이 여인이 지금 예수님의 위로를 받고 있다. "남편이 없다고 하는 너의 말이 옳도다. 다섯이나 있었고, 지금 여섯 번째 남편도 네게 있지만, 네가 남편이 없다고 말할 정도의 한 맺힌 인생을 살아가고 있으니 네 말이 거짓이 아니라 참되도다." 예수님은 그 여인의 인생을 다 알고 계셨고, 그 여인의 아픔을 이해하고 계셨다(참조: 요 8:10~11, 마 19:3~9, 민 5:11~31, 신 22:13~30, 24:1~4).

⑥ 예수님과 여인이 나누는 대화에서 주제의 변화를 찾아봅시다.

<u>해답</u> 예수님과 여인은 처음에는 물에 대해서, 그리고 남편에 대해서, 예배에 대해서, '메시야-그리스도'에 대해서 이야기를 나눴다.

해설 대화의 주제로 생각해본다면 첫째, 물을 주제로 이야기하며 유대인과 사마리아인의 민족적 갈등과 대립을 알 수 있게 됨으로 '자기 정체성'에 관해 알게 되었다. 둘째, 남편을 주제로 한 개인의 인생과 가정에 관한 내용을 알게 됨으로 '개인의 삶'에 관해 알게 되었다. 셋째, 예배를 주제로 예배의 장소보다 예배자의 자세에 대하여 알게 됨으로 '신앙'에 관해 알게 되었다. 넷째, 메시야-그리스도를 주제로 그리스도를 동네 사람들에게 전하는 '복음 전도'의 중요성을 알게 되었다.

⑦ 여인이 예수님을 부르는 호칭의 변화를 찾아봅시다.

해답 유대인(9절), 당신(12절), 주여(15절), 선지자(19절), 그리스도(29절).

해설 유대인/당신: 여전히 갈등과 대립의 관계에서 경계할 사람을 의미한다.

주: 내게 가르침을 주는 사람을 의미한다.

선지자: 신앙적 자세와 하나님의 말씀에 대한 깨달음을 주는 사람을 의미한다.

그리스도: 나의 구원을 위해 하나님이 보내신 메시야를 의미한다.

예수님을 부정하는 세상 사람들이나, 메시야로 믿지 않는 유대인들이나, 4대 성인 중의 한 사람 정도로 알고 있는 사람들 모두 예수님을 제대로 알지 못하는 사람들이다. 예수님은 그리스도시다. 내 죄를 씻어주고 나를 구원하기 위하여 십자가에서 죽으신 나를 사랑하신 하나님이시다. 이 고백과 이 믿음만이 영생을 얻게 한다.

⑧ 여인이 예배에 관해서 궁금해하는 것은 무엇인가요?

해답 예배의 장소.

해설 예배에 관해서 이야기할 때 우리는 어떤 것들을 중요하게 생각하고 있는가? 전통 예배traditional worship냐 현대 예배contemporary worship냐? 예배 형식을 따지기도 한다. 예배 장소를 따지기도 한다. 그래서 교회 건물을 크고 화려하게, 현대식으로 짓는 것이 중요한 것처럼 여기기도 한다. 예배 복식을 따진다. 목사를 비롯한 기도자, 성가대원 모두가 가운을 입고 드려야 경건한 예배라고 생각한다. 예배의 순서를 따진다. 묵도(일제 강점기에 신사참배 때 사용된 용어, 예배학 용어인 '예배의 부름'으로 사용하는 것이 바람직 함)로 시작하고, 성시교독, 주기도문, 사도신경 등 전통적 요소들이 반드시 들어가야 예배로 인정하는 사람들이 있다. 물론 이런 것들이 예배와 전혀 무관하지는 않지만 예배의 본질은 아니다.

로버트 웨버Robert E. Webber는 "예배는 우리를 구원하시고, 세상을 구원하시는 예수 그리스도의 삶과 죽으심과 다시 사심을 축하하는 것"이라고 말했다. 그렇기에 예배는 경건성과 축제성 사이에 균형을 이루는 것이 중요하다. 우리가 하나님을 예배할 때에는 경외심과 더불어 기쁨이 있어야 한다. 하나님은 초월적이면서 내재적이시기 때문이다. 또한 하나님의 영광과 예배의 감격에 의해 예배자에게 채워지는 성령의 역사로 인한 기쁨이 있기 때문이다.

예배에는 신학적으로 중요한 네 가지 기본 원리가 있다고 웨버는 말한다. 첫째는 예배의 하나님 중심성이다. 예배는 우리들이 하나님의 인격과 그의 사역을 찬양하고 찬송하면서 하나님께 영광 돌리는 하나님과의 인격적 만남이다. 둘째는 예배의 그리스도 중심성이다. 예배는 그의 구속 사역 때문에 성부의 영원한 찬양이 되시는 예수 그리스도 안에서, 그리고 예수 그리스도를 통하여 이루어진다. 셋째는 예배의 교회적, 성령적, 표징적 특성이다. 하나님께 드리는 공중 예배는 성령의 능력을 힘입어 그리스도의 몸인 교회가 가시적, 유형적 표징들을 통하여 구속 사역을 선포하고 실행에 옮기는 행위다. 넷째는 예배의 신앙적, 선교적, 종말론적 특성이다. 교회는 그리스도의 재림을 기다리면서 인격적 신앙의 표현인 육체적(물질적) 행위들을 통해 세상에 봉사할 준비를 갖춘다.

이 모든 원리들이 우리에게 예배의 중요성과 회복에 대해 다시 생각하게 해준다는 것을 동의할 수 있겠다.

⑨ 예수님이 예배에 관해서 중요하게 말씀하고 계신 것은 무엇인가요?

해답 예배자의 태도 및 자세. "예배하는 자가 영광 진리로 예배할지니라"

해설 예수님은 예배 장소의 중요성에 대하여 궁금해하는(20절) 사마리아 여인에게 영이신 하나님께서는 예배의 장소가 아니라 '영'과 '진리'로 참되게 예배하는 것을 기뻐하신다는 사실을 강조하신다. "하나님은 영이시니 예배하는 자가 영과 진리로 예배할지니라"(요 4:24)는 말씀은 예배에서 가장 중요한 것이 무엇인지를 우리에게 분명하게 알려준다. 현대의 예배는 하나님이 아니라 인간에게 그 중심이 맞춰져 있다. 그러나 예수님의 말씀처럼 예배는 영이신 하나님께 드리는 것이기에 예배의 중심이 인간이anthropocentric 아닌 하나님이theocentric 되어야 한다. 하나님이 기쁘게 받으시는 '영과 진리로' 드리는 예배가 되어야 하는 것이다. 하나님은 예배자의 숫자를 중요하게 생각하지 않으신다. 성령의 임재함 속에 하나님의 들숨과 날숨이 진리이신 말씀 속에 담겨진 예배를 원하시며, 하나님의 능력을 공급받고 죄의 용서와 변함없으신 사랑에 회개와 감사로 응답하는 참된 예배자를 하나님은 지금도 찾고 계신다.

⑩ 메시야이신 그리스도를 만난 여인은 어떻게 달라졌나요?

해답 물동이를 버려두고, 동네로 들어가 사람들에게 자기가 만난 그리스도를 전했다.

해설 뜨거운 태양이 내리쬐는 정오에 물을 길러 나온 여인은 예수님과 많은 이야기를 나누었다. 자신이 살아온 인생이나 현재 문제까지 알고 계신 예수님과의 대화를 통해 그녀는 메시야이신 예수님을 알게 되었고, 고백하게 되었고, 이제는 예수님을 그리스도로 동네 사람들에게 증언하고 있다. 요한복음 4장 39절은 그 여인의 증언으로 많은 사마리아인이 예수를 믿게 되었다고 말한다. 그녀의 전도를 시작으로 사마리아 사람들은 예수님에게 직접 말씀을 듣게 되었고, 더욱 많은 사람들이 예수님을 믿게 되었고, 그들의 입에서 이제는 "우리가 친히 듣고 그가 참으로 세상의 구주신 줄 앎이라"는 고백을 하게 되었다. 유대인의 편견과 역사적 비극 속에서 소외되고, 내쳐졌던 사마리아인들이 예수님을 만나 하나님의 자녀가 되는 기쁜 소식을 듣게 된 것이다. 전도는 특별한 사람이 하는 것도, 특별한 방법이나 도구가 있어야만 할 수 있는 것도 아니다. 내가 예수님을 만났다면 그 예수님을 나의 구세주로 받아들이고 믿었다면 누구나가 할 수 있는 것이 전도다.

5장 절망을 벗는 믿음

① 바닷가에 계신 예수님께 찾아온 사람은 누구였으며 신분은 무엇이었나요?

해답 예수님을 찾아온 사람은 야이로이며, 신분은 회당장이다.

해설 야이로의 히브리식 이름은 '야일'이며 그 의미는 깨달은 사람, 빛나는 사람을 뜻한다. 회당장은 제사장 계급의 상대적 실추로 인해 대중의 존경과 지지를 받는 지도자로 부상한 계급이다. 당시 회당의 구성원으로는 평신도 회중, 랍비(안식일에 회당에서 율법을 해석하고 가르쳐줌), 하잔(회당장을 도와주는 서열 2위, 기도 암송이나 성서 낭독을 담당), 회당장(회당의 가장 높은 지도자, 집회 인도 및 회당 건물 유지, 운용, 보존, 재판 사무 담당)이 있었다. 그러기에 야이로의 이름을 마가가 기록하고 있고, 회당장이었던 야이로가 대중의 지지와 존경을 받고 있던 사람이었음을 알 수 있다.

② 이 사람의 문제는 무엇이었나요?

해답 열두 살 된 외동딸이 죽어가고 있었다.

해설 자신의 인생에서 중요한 것이 무엇이냐고 물으면 저마다 답이 다르겠지만, 야이로에게 열두 살짜리 외동딸은 다른 무엇보다 소중했을 것이다. 그런데 그 딸이 지금 죽어가고 있다는 것은 그에게 가장 큰 고통이며 비극이었다. 야이로는 죽어가는 딸을 위해 간절한 심정으로 예수님을 찾아오는 일 외에는 할 수 있는 일이 없었다. 야이로에게는 시간이 촉박했다. 조금이라도 빨리 예수님을 자기 집으로 모시고 가야만 한다. 그러나 본문은 시간은 중요하지 않왔음을 우리에게 알려준다. 그렇다면 무엇이 중요한 것이었을까?

③ 그가 아픈 딸의 문제를 위해 예수님께 말씀드린 내용은 무엇인가요?

해답 죽어가는 딸을 낫게 해달라고, 자신의 집에 오셔서 아이 위에 손을 얹어 병을 고쳐달라고 요청했다.

해설 내 큰아들은 생후 5개월 때 탈장 수술을 받기 위해서 병원에 입원한 적이 있다. 수술을 위해 분유도, 물도 먹지 못하고 금식을 해야 했다. 나는 만일 아들의 고통을 대신할 수 있다면 흔쾌히 그 고통을 대신하고 싶었다. 당시 제주도에서 초년 목회를 하고 있을 때라 형편도 어려웠고 아들의 수술을 위해서 서울로 와야 했다. 병원에 입원하고 수술하기까지도 힘든 과정이었지만 아들을 고칠 수만 있다면 더한 것도 마다하지 않을 마음이었다. 열두 살 외동딸이 죽어가고 있으니 야이로의 심정은 두말할 필요가 없을 것이다. 야이로가 딸의 사정을 예수님께 말할 때, "죽게 되었사오니ἐσκάτως "라고 하는데, 그 뜻은 '죽음의 지점에 있다', '금방 죽을 수 있는 최악의 상태'라는 것이다. 야이로는 예수님을 만나서 이렇게 말한다.

"내 어린 딸이 죽게 되었사오니 오셔서 그 위에 손을 얹으사 그로 구원을 받아 살게 하소서"(막 5:23).

이런 급박한 상황에도 야이로는 예수님께 청을 하면서 방법을 제시하고 있다. 자신의 문제를 예수님께 맡겨놓고도 그 문제의 해결 방법을 자신이 제시한 것이다. 우리 또한 신앙생활을 하면서 늘 이러고 있지는 않는가?

④ 예수님은 회당장의 집에 가는 도중 누구를 만났나요?

해답 12년 동안 혈루증을 앓아온 여인.

해설 야이로는 이름이 나와 있지만, 이 여인은 이름이 기록되어 있지 않다. 두 사람이 대비된다. 살아온 인생과 삶의 자리는 존경받는 회당장과 병든 여인으로 큰 차이를 보이지만 이 사건의 결말을 보면 믿음의 자리에서는 이 여인이 회당장 야이로보다 더 돋보이는 것을 알 수 있다.

⑤ 예수님을 만난 그 여인의 문제는 무엇이었나요?

해답 12년을 혈루증이라는 병을 앓아 왔고, 의사들을 찾아가서 병을 고치려 했지만 전혀 호전되지 않았고, 재물도 모두 허비했다.

해설 성경에 '혈루증'이라고 병명이 나와 있다. 대개 이 여인의 현대적 병명을 피가 멈추지 않는 혈우병hemophilia이라고 생각하지만, 혈우병은 유전 인자가 여성에게는 잠재로 나타나고 남성에게만 발병되기 때문에 실제로 이 여인이 앓고 있는 병은 여성의 자궁에 생기는 만성 하혈증과 같은 병이었을 것이다. 이 여인은 병을 고치기 위하여 12년 동안 의사들을 찾아다니고, 있던 돈을 다 허비했지만 병세는 더 악화된 상태였다. 육체적인 고통과 정신적인 고통뿐만이 아니라 이제는 경제적인 고통까지 겪어야 하는 신세가 된 것이다. 더욱이 레위기 15장에 의하면 유대에서는 여인이 피를 흘리는 동안은 율법적으로 부정하게 취급을 받아 종교 생활과 사회적 활동에 제약을 받기 때문에 이 여인은 12년 동안을 부정하다 취급받으며 힘들게 살아왔을 것이다. 더 이상 기댈 곳이 없고, 의지할 곳이 없는 상태인 여인이 예수님을 만나게 된다. 그녀가 이제껏 풀지 못했던 모든 답이 예수님에게 있었다.

당신도 마찬가지다. 어떤 인생의 문제를 가지고 있든지, 어떤 육체적·정신적 고통 가운데 있든지 세상에서 주지 못하는 그 문제의 답과 해결책이 예수님 안에 있음을 믿어라.

⑥ 그녀는 자신의 문제를 어떻게 해결해가고 있나요?

해답 예수의 소문을 듣고, 예수님께로 와서 옷에 손을 대었다. 그렇게 한 이유는 예수님의 옷에만 손을 대어도 병이 나을 것이라고 생각했기 때문이다.

해설 우리는 이 결과를 보며 착각하지 말아야 한다. 예수님의 옷에 마법이나 능력이 있는 것이 아니다. 만일 그랬다면 저마다 예수님 옷자락을 잘라서라도 가져가야 할 것이다. 이것은 믿음의 결과다. 부처님 오신 날 절에서 광고를 하는 것을 보았다. 자신들의 절이 '부처님의 진신사리를 모신 절'이라는 것이었다. 부처님의 진신사리가 기적을 일으키는 것일까? 자신들의 불심은 전혀 상관없이 진신사리 절을 찾아가서 그 사리를 보거나 만지면 기적이 일어나는 것일까? 마찬가지로 교회의 십자가를 황금으로 도색해놓으면 더 신비한 능력을 일으키게 될까? 예배당 십자가 첨탑을 다른 교회보다 더 높이 올리면 그 교회는 예수님의 능력을 그 지역에서 독점할 수 있을까? 이 사건에서 우리는 예수님의 옷을 주목해서는 안 된다. 그녀의 믿음에 주목해야 한다. 예수님도 그녀에게 "딸아 네 믿음이 너를 구원하였으니 평안히 가라"고 말씀하신다. 예수님이 보신 그녀의 믿음은 무엇이었을까?

믿음에는 단계가 있다. 오늘 사건에서 우리는 12년 동안 혈루증을 앓던 여인에게서 그 믿음의 단계를 볼 수 있다. 첫 번째, 말씀을 받아들이는 단계다. "믿음은 들음에서 나며, 들음은 그리스도의 말씀으로 말미암느니라"(롬 10:17)고 성경은 말한다. 그녀는 '예수의 소문'을 들었다. 이 여인만이 아니라 당시에 많은 사람들이 예수님의 소문을 들었을 것이다. 그러나 어떤 이들은 소문으로만 듣고 끝냈다. 예수님에 관해서는 아무리 작은 이야기도, 소문으로 듣는 확실하지 않는 말들도 그냥 흘려버려서는 안 된다. 예수님에 관한 것이라면 모든 것을 놓치지 말자. 예수님의 말씀이든, 예수님에 관한 이야기든 그것을 듣는 사람에게는 믿음의 신비한 문이 열리게 될 것이다. 두 번째, 생각을 바꾸는 단계다. 예수님의 말씀을 들었다고 해도, 듣고 난 사람들의 반응이 모두 똑같지는 않다. 아니 정확하게 말하면 말씀에 대한 반응이 생각부터 차이가 난다. 그런 생각은 조건이 좋아진다고 달라지는 것이 아니다. 눈으로 보고, 손으로 만져서, 어떤 수치가 올라가고, 합리적인 데이터 값이 나와서 생각을 바꾸는 것이 아니다. 내게 들려진 말씀 속에서, 내가 들은 예수님의 이야기 속에서 내 모든 것의 중심과 생각을 예수님에게만 초점을 맞추며 다시 생각하는 것이 믿음의 두 번째 단계다. 세 번째는 행동하는 단계다. 이 여인이 예수님의 소문을 듣고 생각하는 것에서 멈추었다면, 29절("이에 그의 혈루 근원이 곧 마르매 병이 나은 줄을 몸에 깨달으니라")의 결과는 나타나지 않았을 것이다. 소문으로 듣던 예수님에게로 다가온 행동, 그리고 예수님의 옷자락을 만지면 나을 것이라는 믿음을 실천한 그 행동이 그녀에게 기적을 보여주었고, 예수님의 칭찬을 듣게 되었다. 야고보서 기자도 아브라함의 믿음을 이렇게 말하고 있다.

"우리 조상 아브라함이 그 아들 이삭을 제단에 바칠 때에 행함으로 의롭다 하심을 받은 것이 아니냐 네가 보거니와 믿음이 그의 행함과 함께 일하고 행함으로 믿음이 온전하게 되었느니라"(약 2:21~22).

⑦ 예수님이 보이신 반응은 어떤 것이었나요?

해답 누가 내 옷에 손을 대었느냐 물으시고, 에워싸고 밀고 있는 무리들을 둘러보셨다.

해설 예수님은 "능력이 자기에게서 난 줄을 곧 스스로 아시고" 물으셨으며, 둘러보셨다. 하나님이 선악과를 따 먹고 숨어 있는 아담이 어디 있는지 모르셔서 "아담아 네가 어디 있느냐?"라고 물으셨을까? 마찬가지로 특별한 능력이 자신에게서 나간 것을 아신 예수님이 누가 당신의 옷을 만졌는지 몰라서 무리에게 누가 내 옷에 손을 대었느냐고 물으신 것은 아니다. "이 일 행한 여자를 보려고"(32절) 물으신 것이다. 그냥 밀치며 예수님의 옷자락을 만진 사람들을 찾고 있는 것이 아니라, 믿음으로 당신의 옷자락을 만진 여인을 불러내고 계신 것이다.

수많은 사람들이 주일이면 교회에 와서 예배를 드린다. 그런데 주님이 "누가 지금 나에게 예배드리고 있느냐?"라고 물으신다. 이렇게 많은 사람들이 모여서 예배드리는 데 누가 예배드리냐고 물으신다면 당신은 예수님이 찾으시는 그 믿음의 예배자가 될 수 있는가? 믿음의 접촉은 예수님의 능력을 즉각적으로 경험하게 만들었다(29절). 예수님의 능력을 지금도 나에게 끌어오게 하는 믿음의 손을 내밀라. 기적이 일어난다. 내 삶이 달라진다. 내 고통이 평안으로 바뀔 것이다.

⑧ 예수님과 여인이 이야기를 나눌 때 회당장에게는 어떤 문제가 발생했나요?

해답 회당장의 딸이 죽었다.

해설 죽음의 문턱에서 고통 중에 있던 하나밖에 없는 어린 딸이 죽었다. 예수님을 모시고 가는 길에 갑자기 어떤 여인이 나타나 시간이 지체되었고, 예수님이 야이로의 집에 도착하기도 전에 위급했던 그 딸이 죽었다는 소식을 하인들이 와서 전했다. 다급했는데, 시간이 없었는데, 조금이라도 빨리 가셨어야 했는데. 이제는 끝이다. 절망밖에는 남은 것이 없다. 딸이 죽었다는 소식은 이제까지 살아온 야이로의 인생에서 가장 슬픈 소식이고, 비극적인 소식이었다. 실낱같은 희망 하나를 붙들고, 자신의 딸이 죽기 전에 예수님을 꼭 모시고 가서 살리고 싶었는데, 그 모든 꿈이 사라져버린 것이다.

⑨ 예수님은 그에게 무엇이라고 말씀하셨나요?

해답 두려워하지 말고 믿기만 하라

해설 성경에는 나와 있지 않지만 야이로는 자신의 딸이 죽었다는 소식을 듣고, 무척 낙심하고 괴로워했을 것이다. 모든 것이 끝났다고 생각했을 것이다. 그렇게 고통스러워하는 야이로의 모습을 보시면서 예수님께서 말씀하신다. "두려워하지 말고 믿기만 하라."

우리가 만약 야이로의 상황에 처했다면 "믿으라니요. 끝났는데, 죽었는데, 뭘 믿어요. 그러게 빨리 좀 가주시지 왜 이렇게 늦으셨나요"라고 원망하며 대답했을 것이다.

우리의 믿음은 예수님에게 어디까지 다가가고 있는가. 우리가 믿는 예수님이 어디까지 하실 수 있을 거라고 믿고 있나? 야이로처럼 딸이 죽기 전에 오셔야만 해결해주실 수 있다고 생각하고 있지는 않는가? 예수님의 능력에 한계를 만들어놓고 있는 것은 아닌가? 야이로는 예수님이 오셔야만 딸을 고칠 수 있다고 생각했다. 오는 것으로 끝나지 않고, 당시에 유대인들이 병자를 위해서 기도해주는 것처럼 환부나 머리 위에 손을 얹고 기도해주셔야 나을 거라고 생각했다. 이전까지의 종교적인 관습이나 행동을 야이로는 예수님에게도 똑같이 적용하고 그렇게 믿으려고 했다. 예수님에 대한 믿음은 있었지만 종교적인 틀과 관습에서 벗어나지 못했으며, 예수님의 능력에 스스로 한계를 만들어놓았다. 대조적으로 12년 동안 혈루증을 앓은 여인은 자신이 예수님 옷만 만져도 고침받을 것이라는 믿음을 가지고 있었다. 그렇기에 예수님이 야이로에게 하는 말씀과 이 여인에게 하는 말씀이 다르게 표현된다. "두려워하지 말고 믿기만 하라" 라는 것이 야이로에게 하시는 말씀이었고, "네 믿음이 너를 구원하였으니 평안히 가라"는 것이 혈루증을 앓으며 고통받던 여인에게 하셨던 말씀이었다. 우리는 어떤 믿음을 가지고 예수님 앞에 다가가고 있는가?

6장 변화를 알리는 메시지

① 배에서 내리신 예수님은 거라사에서 누구를 만나셨나요?

해답 더러운 귀신 들린 사람

해설 갈릴리 호수 동남쪽에 위치해 있던 거라사 지역은 바위나 석회석을 깎아서 만든 무덤들이 많았고, 자연 동굴로 이루어진 공동묘지로 사용되고 있었다. 그래서 당시에 정상적인 생활을 할 수 없는 범죄자나 정신병자들이 이곳에서 은둔 생활을 했다. 그런 사람들 중 하나인 더러운 귀신 들린 사람이 오늘 예수님을 만나 변화된 이야기를 살펴보자.

② 이 사람의 생활은 어떠했나요?

해답 무덤 사이에 거처하며, 쇠사슬로도 맬 수 없고, 아무도 제어할 수 없는 힘을 가졌다. 밤낮 소리 지르며 자기 몸을 돌로 상하게 하고 있었다.

해설 무덤 사이에 거처한다는 것은 정상적인 다른 사람들로부터 소외되고 단절된 인생을 살아가고 있음을 알려준다. 그에게는 분명 가족, 친구, 이웃이 있었지만 모든 것으로부터 끊어진 외로운 삶을 살아가고 있는 것이다. 현대를 살아가는 우리는 어떤가? 좋은 집, 좋은 곳에서 살아도 타인과 단절된 외롭고 고독한 삶을 사는 사람들이 얼마나 많은가?

또한 쇠사슬로 맬 수 없는 상태이며 아무도 제어할 수 없는 힘을 가졌다는 것은 위험성을 나타낸다. 어떤 힘이 좋은 방향으로 미친다면 사람들에게 유익하고 도움이 될 터이지만 그 힘이 누군가에게 해를 끼친다면 모두에게 근심

거리가 되기 마련이다. 핵무기를 가진 국가의 지도자가 독재자라면 경계하고, 걱정하는 것처럼 말이다. 지금 이 귀신 들린 사람의 힘은 누구도 제어하지 못하게 되었고, 그 힘이 누군가에게 피해를 줄 수 있는 위협이 되고 있다.

밤낮 무덤과 산에서 소리를 지른다는 것은 시간도, 장소도 구애받지 않고, 자기 맘대로 소란을 피우고 있기에 마을 사람들에게는 큰 해를 끼치고 있다는 것이며, 돌로 자기 몸을 해하고 있다는 것은, 자기 상실과 자기 소모의 인생을 살아가고 있다는 의미다.

사실 이 귀신 들린 사람의 모습은 정상적인 현대인과는 거리가 먼 것처럼 보이지만 하나하나 그 의미를 생각해보면 어떤 면에서는 바로 우리 자신의 모습이라는 것을 부인할 수 없다.

③ 그가 예수님을 처음 만나서 한 말과 그 말의 본뜻은 무엇인가요?

해답 지극히 높으신 하나님의 아들 예수여, 나와 당신이 무슨 상관이 있나이까? 나를 괴롭히지 마소서.

해설 귀신 들린 사람이 예수님을 "지극히 높으신 하나님의 아들 예수"라고 표현하고 있다. 표면적으로는 예수님을 찬양하는 말 같고, 예수님을 하나님의 아들이자 그리스도로 인정하고 있는 듯하다. 그러나 이 말은 귀신을 통해서 나오는 말이기에 신앙적으로 긍정적일 수 없고, 기쁨과 반가움으로 하는 말이 아니라는 것을 알 수 있다. "나와 당신이 무슨 상관이 있나이까?" 이 문장은 다른 번역에는 "왜 저를 간섭하십니까"로 나와 있고, 영어 성경에는 "나에게 무엇을 원하십니까?What do you want with me"(NIV)라고 되어 있다. 지극히 높으신 하나님의 아들이시고, 독생자 예수 그리스도라 하실지라도, 나를 간섭하는 것은 싫다. 나에게 무엇을 원하는 것도 싫다. 귀신 들린 이 사람의 말에서 우리 신앙의 자리도 다시 한 번 물어 볼 수 있어야 한다. 우리 또한 예수님을 믿고 신앙생활을 하면서, 예수님이 내 삶에 간섭하는 것을 싫어하지는 않았는가? 내가 필요할 때만, 내가 부를 때만, 내가 도움을 요청할 때만 내 곁에 예수님이 계시길 바라지 않았는가? 예수님이 원하는 것에는 관심이 없고, 내가 원하는 것만 관심 두고 예수님께 이루어달라고 요청만 하는 신앙에 길들여져 오지는 않았는가 생각해볼 일이다.

④ 이 사람에게 들어간 귀신의 이름은 무엇이며 예수님에게 바라고 있는 것은 무엇인가요?

해답 이름: 군대

요청하는 것: 이 지방에서 내보내지 말아달라.

해설 이 말씀에서 군대라는 단어는 헬라어로 '레기온'이라는 표현이 쓰였는데, 여단급에 해당하는 큰 규모의 군대를 지칭한다. 당시 로마 군대의 여단 규모는 대략 4,000~6,000명 정도였다. 그러니 지금 엄청나게 많은 귀신이 이 사람에게 들어가 있음을 알 수 있다. 그렇다면 이 사람은 정신적으로 얼마나 큰 고통을 겪고 있었을까? 그가 행동하는 것이나, 말하는 것을 보면 자신의 영혼 속에 들어온 귀신으로 인해 굉장히 큰 육신적인 아픔과 고통을 겪고 있었다는 것을 알 수 있다.

그런데 이 귀신들은 예수님이 "그 사람에게서 나오라"고 외치는데 예수님께

"그 지역에서는 내보내지 말아달라"고 간청하고 있다. 이 사람에게서는 언제든지 나갈 수 있지만 이 지역에서는 쫓아내지 말아달라는 것이다. 이 말을 통해 우리는 그 지역의 영적 수준을 가늠할 수 있다. 거라사 지역은 사탄이 떠나고 싶지 않은 지역, 사탄이 계속 머물러서 이 귀신 들린 사람에게서처럼 주인노릇을 하고 싶은 지역, 이 사람 말고도 사탄이 만만하게 상대할 수 있는 사람들이 아직도 수없이 많이 살고 있는 지역인 것이다. 주님은 그 귀신을 돼지 떼에게로 쫓아내셨다.

오늘 내가 머물고 있는 곳의 영적 수준은 어떤가? 내 가정, 내 회사, 내 교회를 돌아보자. 교회의 십자가가 동네마다 여기저기 불을 밝히고 있는 세상이다. 그 불빛처럼 교회가 서 있는 그 지역의 영적 수준은 안심해도 될까? 사탄이 만만하게 여기는 교회가 얼마나 많을까? 우리는 영적 수준을 높이는 데 관심을 둬야 한다. 영적 수준은 영적인 것들을 얼마나 많이 하느냐에 따라 올라갈 수 있다. 기도와 말씀 등 영적 훈련을 위해 필요한 것들보다 교회가 세상에 관심 두고 있는 것들이 얼마나 많이 있는가? 이 땅에 성도들이 영적 수준을 위해 매일 훈련하고 있는 것들이 무엇이 있는가? 바쁘게 살다 일주일에 한 번 교회 오는 것으로는 절대로 영적 훈련이 이루어질 수 없다. 귀신 들린 한 사람의 영적 수준이 문제가 아니라, 이 동네, 이 지역의 영적 수준이 문제였기에 귀신은 계속해서 그곳에 머물러 있고 싶어 했다.

마귀로 틈을 타지 못하게 하라(엡 4:27).

⑤ 귀신 들린 사람이 고침을 받은 사건 이후 거라사 지방의 사람들의 반응은 어떠했나요?

해답 예수님께 그 지방에서 떠나시기를 간구했다.

해설 거라사 지역의 사람들은 귀신 들렸던 자가 옷을 입고 정신이 온전하여 앉은 것을 보고도 기뻐하지 않았다. 자신들에게 위협이 되었던 그가 이제 정상이 되어, 안심하게 되고 평화가 찾아왔으니 당연히 예수님께 감사해야 함에도 감사하지도 않는다. 그들은 자신들이 입은 손해에 대한 계산이 먼저였다. 사람들은 자신의 이익 앞에서는 다른 것을 먼저 보지 못한다. 그들에게는 예수님이 오셔서 귀신 들린 사람을 고쳐주신 것보다 2,000마리의 돼지가 죽은 것이 더 중요했다. 그래서 예수님을 거절하고 떠나기를 요구했다. 현대인은 자신의 이익에 더욱 민감하다. 신앙생활을 하는 사람들도 세상적인 손익을 따져 신앙의 기준을 정할 때가 있다. 손해가 났을 경우 거라사 지역의 사람들처럼 내 삶에서 예수님마저 밀쳐내려 한다.

⑥ 귀신 들렸던 사람은 예수님에게 무엇을 청했나요?

해답 귀신 들렸던 사람은 예수님에게 함께 있기를 청했다.

해설 귀신 들렸던 사람은 자신에게서 귀신을 내쫓으신 예수님과 평생을 같이하고 싶은 마음이 있었다. 그래서 어디든지 예수님을 따라가고 싶었다. 그러나 예수님은 이 사람의 요구를 들어주지 않으셨다. 예수님이 이 사람에게 정말 바라셨던 것은 무엇일까? 아니 십자가의 구속의 은혜로 이제는 하나님의 자녀가 된 우리에게 바라시는 것은 무엇일까? 바로 예수님을 통해 새롭게 변화된 인생을 하나님의 나라와 영광을 위해 살아가는 것이다. 예수님은 우리가 살아가는 모든 삶의 영역에서 그리스도의 향기를 전하며 사는 사람이 되기를 원하신다. 귀신 들려 어둠에 사로잡혀 살았던 인생이 이제는 죄와 사망의 법에서 생명과 성령의 법이 우리를 해방하였음을 선언하며 참된 자유를 누리며 살아가기를 바라신다. 그 사람이 바로 "그리스도 예수 안에 있는 자"라고 바울은 로마서 8장에서 말해주고 있다.

⑦ 예수님이 이 사람에게 요구하신 것은 무엇이었나요?

해답 집으로 돌아가 주께서 어떻게 큰일을 행하셨는지 가족에게 알리라고 하셨다.

해설 예수님은 이 사람이 예수님을 따라 나서는 것보다 그동안 단절되었던 모든 인생의 자리를 먼저 회복하기를 원하셨다. 집으로 돌아가 자신에게 일어난 일을 통해 주님께서 어떻게 큰일을 행하셨고, 얼마나 그를 사랑하셨는지를 가족에게 알게 하고 보여주기를 원하셨다. 우리는 전도의 중요성과 선교의 시급성을 잘 알고 있다. 그래서 해외 선교나 전도하는 일에는 최선을 다하려고 한다. 그러나 정작 내 가족 중에, 내 인척 중에 아직도 주님이 어떤 분이신지 모르는 사람들이 있지는 않는가? "오직 성령이 너희에게 임하시면, 너희가 권능을 받고 예루살렘과 온 유대와 사마리아와 땅 끝까지 이르러 내 증인이 되리라"(행 1:8)라고 예수님은 승천하시기 전에 말씀하셨다. 땅 끝보다 예루살렘이 내가 먼저 가야 할 곳이다. 지금 내 가족, 내 친척, 내 이웃, 내 친구, 나와 관계된 모든 사람이 함께 있는 그 예루살렘을 놓치지 말자.

⑧ 예수님의 명령을 받은 이 사람은 어떻게 하였나요?

[해답] 데가볼리에 가서 예수께서 자기에게 어떻게 큰일을 행하셨는지 전파했다.

[해설] 비록 예수님을 따라가지는 못했지만 이 사람은 예수님의 말씀대로 예수님께서 자신을 만나시고, 군대 귀신을 내어쫓으신 일을 사람들에게 전했다. 단순히 기적 사건을 전하고, 자신의 이야기를 말하는 것이 아니라, 마가가 기록한 것처럼 자신에게 '복음'이 된 예수님을 전파한 것이다. 마가가 이 구절에서 사용한 '전파하다'라는 의미의 '케뤼소'라는 단어는 세례 요한이 예수님을 전파할 때와 예수님이 승천하시기 직전 제자들에게 마지막 위임 명령을 하실 때에도 사용되었다. 예수님은 이 사람에게 단순히 "알리라"고만 말씀하셨는데, 이 사람은 이 도시, 저 도시를 다니며 예수님을 전파한 것이다. 그는 자기 가족뿐만이 아니라, 갈릴리 호수 근처에 있는 열 개의 도시를 다 돌아다니며 주님이 자기에게 하신 일을 전파했다. 주님을 따라가지는 못했지만 그는 주님이 말씀하신 것 이상을 감당하는 전도자가 되었다.

7장 하나님의 영광을 위한 목적

① 오늘 본문의 기적 사건 속에서 예수님을 만난 사람은 누구였나요?

[해답] 날 때부터 맹인으로 길에서 구걸하던 자였다. 부모가 있었다.

[해설] 태어났을 때부터 맹인이었기에 그는 빛이 무엇인지 모르는 어둠 속에

서 평생을 살았다. 게다가 일을 할 수 없었으니 구걸하며 살 수밖에 없었다. 경제적 고통과 어려움 가운데, 하루하루를 살아가지만 그 사람의 인생에는 절망밖에는 없었다. 사건의 전개 속에서 그에게도 부모가 있었다는 것을 알게 된다. 그러나 그 부모는 맹인으로 태어나서 걸인으로 살아가야 했던 그 아들을 도와줄 수 없었다. 부모로부터 어떤 도움도 받을 수 없는 자신의 환경과 앞을 보지 못하는 육체적인 고통, 그리고 구걸해야만 연명할 수 있는 경제적 고통의 삶은 이 사람의 인생이 비극적이고, 절망적인 것이라는 것을 알려준다. 정도의 차이는 있겠지만, 우리도 이런 인생의 문제를 가지고 살아가고 있지 않은가? 육체적인 고통 때문에, 경제적인 어려움 때문에, 가정의 문제 때문에 절망하거나, 좌절하면서 살아가는 때가 있지 않은가? 본문에 나오는 맹인의 이야기는 그런 의미에서 오늘을 사는 우리들의 이야기가 될 수 있다. 그를 만나주신 예수님이라면, 오늘 우리도 만나주실 것을 의심하지 말자.

② 당시의 사람들은 장애를 가진 사람들을 어떻게 생각했나요?

해답 하나님께 죄를 지은 결과라고 생각했다.

해설 하나님은 모세에게 십계명을 내려주시면서 이런 말씀을 하셨다. "나를 미워하는 자의 죄를 갚되 아버지로부터 아들에게로 삼사 대까지 이르게 하거니와"(출 20:5). 그리고 두 번째 돌판을 만들어주시면서 이런 말씀을 하신다. "아버지의 악행을 자손 삼사 대까지 보응하리라"(출 34:7). 당시에 유대인들의 생각은 이 말씀들을 근거로 장애나 질병에 걸리는 것을 부모나, 자신의 죄 때문이라고 생각했다.

복음이 아니라, 율법의 잣대를 들이대면 나 아닌 다른 사람을 정죄하고 비판하기 쉽다. 신앙생활을 하면서 우리도 그럴 때가 많지 않은가. 복음으로, 하나님의 선물로, 예수 그리스도의 십자가의 은혜로 내 죄가 용서받고 하나님의 자녀가 되었는데, 우리는 남에게는 복음이 아닌, 율법을 들이대고, 그의 흠결과 죄를 들춰내며 정죄하고 비판을 먼저 하려고 할 때가 있지 않은가?(신 28:59, 61 참조)

③ 예수님의 생각은 제자들이나 다른 사람들과 어떻게 달랐나요?

해답 예수님은 날 때부터 장애를 가진 사람이 하나님이 하시는 일을 나타내고자 그렇게 된 것이라고 말씀하셨다.

해설 예수님 당시에 인간운명론에 대한 견해는 각 공동체마다 달랐다. 바리새파는 모든 사건은 예정되었으며, 부분적으로 인간의 의지적 결정에 의해 이루어진다고 생각했다. 사두개파는 인간의 일에는 하나님께서 개입하지 않는다고 생각했다. 에세네파는 모든 사건이 하나님에 의해 예정되어 있다고 생각했다. 이런 다양한 견해 속에서 인간의 운명을 생각했던 유대인들에게 예수님은 이 사람에게 하나님의 일을 나타낼 것이라고 말씀하신다. '나타내다'라는 단어 파네로오는 '알게 하다', '보여주다'라는 뜻을 가지고 있다. 예수님은 이 맹인의 삶에도 하나님이 보여주실 일이 있다고 말씀하신다. 사람들은 여전히 그의 과거에 집중하고, 현재의 비극만 바라보고 있지만 예수님은 그의 미래를 보고 계신 것이다. 당신의 과거나 현재가 어떻든지 간에 하나님이 우리를 통해서도 하나님의 일을 세상에 보여주실 것이라는 것을 기대해보

자. 우리의 미래가 하나님의 손에 있다면 반드시 그 미래는 축복의 미래가 될 것임을 믿어보자. 나 같은 인생도 하나님이 이 세상에 펼쳐 보이실 놀라운 역사가 있고, 나의 삶에도 세상이 깜짝 놀랄 하나님의 일이 나타날 것이라는 것을 기대하고 믿는 사람이 되자.

④ 맹인을 고치신 예수님의 방법은 무엇인가요?

해답 땅에 침을 뱉어 진흙을 이겨 그의 눈에 바르셨다. 그리고 실로암 못에 가서 씻도록 하셨다.

해설 예수님은 왕의 신하의 아들(요 4장)과 베데스다 연못가의 38년 된 병자(요 5장)를 말씀으로 고쳐주셨다. 또한 죽어서 장사 지낸 지 나흘이나 지난 나사로를 "나사로야 나오라"는 말씀 한 마디로 살아나게 하셨다(요 11장). 그렇다면 지금 이 맹인도 말씀만으로 눈을 뜨게 하실 수는 없으셨을까? 충분히 그런 능력이 예수님에게는 있다. 그런데 왜 예수님은 땅에 침을 뱉고, 진흙을 이겨 맹인의 눈에 바르셨을까? 자신의 눈에 예수님의 침을 섞어 바른 진흙덩이가 붙은 채로 맹인이 실로암을 향해 가는 광경을 상상해보라. 앞을 보지 못하니 계속해서 방향을 사람들에게 물으며 가야 했을 것이다. 그 모습은 평소에 그를 구걸하던 걸인으로 알고 있던 사람들에게 우스꽝스러운 모습으로 비쳤을 것이다. 남들의 평가가 자신을 평소보다 더 조롱하는 것이어도 그는 끝까지 '실로암'으로 갔다. 자신의 모습이 어떻든지, 자신이 살아온 인생이 어떻든지 간에 하나님이 주신 말씀을 붙들고 나아가는 사람은 이미 기적의 중심이 되는 것이다.

⑤ '실로암'의 뜻은 무엇인가요?

해답 보냄을 받았다.

해설 실로암은 히브리어로 '쉴로하'로, 예루살렘 남쪽에 위치했으며, 길이 19미터, 너비 6미터 정도의 연못이었다. 역대하 32장에는 기원전 8세기 말 히스기야가 앗수르 산헤립의 포위 공격에 대비하여 기혼 샘에서부터 530미터 떨어진 실로암까지 터널을 판 사실에 대하여 말해주고 있다. '쉴로하'는 단순히 지명을 뜻하는 말이 아니다. 야곱이 마지막 그의 아들들을 축복할 때 유다를 축복하면서 이런 선언을 한다. "규가 유다를 떠나지 아니하며 통치자의 지팡이가 그 발 사이에서 떠나지 아니하기를 실로가 오시기까지 이르리니 그에게 모든 백성이 복종하리로다"(창 46:10). '실로가 오시기까지'는 유다 지파의 후손 가운데 메시야가 올 것이라는 예언을 의미한다. 실로는 바로 메시야이신 예수님을 뜻한다. 또한 이사야는 하나님이 자신에게 하신 말씀을 전하는데 "여호와께서 다시 내게 말씀하여 이르시되 이 백성이 천천히 흐르는 실로아 물을 버리고 르신과 르말리야의 아들을 기뻐하느니라"(사 8:56)라고 선포했다. 여기서 실로아 물은 하나님의 뜻과 말씀을 말한다. 르신은 앗수르를 뜻하고 르말리야는 패역한 이스라엘을 뜻한다(사 7:8~9 참조). 유다가 하나님을 버리고, 이방 신을 따르고 하나님을 떠난 북왕국 이스라엘의 행위를 따라가고 있음을 이사야를 통해서 지적해주시는 말씀이다.

실로암으로 보냄을 받았다는 뜻은, 단순히 실로암 연못으로 갔다는 것을 말하는 것이 아니다. 어둡고 캄캄한 인생을 살던 한 사람이 '실로'이신 예수님께로 갔을 때 그의 인생에 빛이 들어오게 되었다는 것이다. 예수님만이 우리

죄를 사하시고, 구원하시기 위하여 이 땅에 오신 영적 실로암이시다.

⑥ 사람들은 왜 눈뜬 사람이 맹인이었던 사람인지 아닌지 의견이 분분했나요?

해답 예수님이 행하신 일에 대해 불신했기 때문에 그가 맹인이었던 사람인
지 아닌지 제대로 구분하지 못했다.

해설 맹인이 눈을 뜨는 기적을 한 번도 보지 못했기 때문에, 사람들은 반신반
의했다. 그래서 그들은 맹인이었던 그 사람에게 어떻게 눈을 떴느냐고 묻는다.
경험해보지 않거나, 이성적으로 납득되지 않는 일에는 대부분의 사람들이 부
정하거나 믿지 않는다. 예수님의 말씀처럼 이 사람에게 일어난 일은 단순히
기적 사건이라기보다, '하나님의 일the work of God'을 세상에 알려주신 것이
며, 사람들에게 보여주신 것이다. 하나님의 일은 과학적으로 설명하고 증명
할 수 없는 일들이 많다. 지금 우리는 근대 이성 중심주의에 대한 근본적 회의
와 다원주의 사회에 대한 종교, 문화, 사상을 이야기하는 포스트모더니즘 시
대를 살아가고 있다. 성경을 이성주의의 관점에서 비판하고, 복음을 합리주
의적 시각으로 재해석하려는 일부 신학자들조차도 전통적인 복음주의적 시
각에서 바라보는 하나님의 역사와 섭리에 대해, 의심과 불신으로 다가가는
모습을 보이고 있는 것처럼, 이 세상은 성경을 통해 보여주시고, 알려주시
는 '하나님의 일'에 대해 여전히 불신의 눈으로 들여다보고 있다. 눈을 뜬 맹
인에게 일어난 일을 의심하며 논쟁하고 있는 사람들처럼.

⑦ 맹인은 자신이 고침 받은 사건을 어떻게 말하고 있나요?

해답 예수라 하는 사람이 실로암에 가서 씻으라 하기에, 가서 씻었더니 보게 되었다.

해설 이 사람의 대답은 3단계로 분류해 볼 수 있다. 1) 예수가 내게 한 말 2) 내가 한 행동 3) 일어난 결과.

예수님은 이 사람에게 실로암 못에 가서 씻으라고 말하면서 눈을 뜨게 된다거나, 보게 될 거라는 결과에 대하여는 말씀해주지 않으셨다. 그렇기에 이 맹인이 실로암으로 가는 길은 해답 없이 가는 길이다. 여전히 문제만 있고, 물어야만 하는 길이다. 예수님이 하신 말씀에 회의가 오거나 의심이 들면 그 사람은 실로암까지 가는 길을 멈추거나 포기할 수 있다. 사실 우리는 신앙생활을 하면서, 정답까지 듣고 말씀에 반응하려고 하지 않는가? "내가 이렇게 하면, 하나님은 무엇을 주실 겁니까?" 이렇게 신앙을 도식화해서 기도하고, 봉사하고 있지 않은가? 이사야 35장은 메시야에 대한 예언의 말씀이 기록된 장이다. 이사야는 "그 때에 맹인의 눈이 밝을 것이며"라고 메시야가 오시면 맹인들이 보게 될 것을 이야기한다. 여기서의 맹인은 신체적 맹인을 말하는 것이 아님을 우리는 안다. 영적으로 캄캄한 인생을 사는 인생들이 예수님을 만나 구원의 빛으로 나아가게 될 것이라는 것이다. 그래서 요한은 "나는 세상의 빛이니 나를 따르는 자는 어둠에 다니지 아니하고 생명의 빛을 얻으리라"(요 8:12)는 예수님의 말씀을 전하고 있다. 말씀이신 예수님은 우리에게 생명의 빛을 얻게 하시는 메시야이며, 그리스도시다. 그분의 말씀이 진리임을 믿는다면, 그 말씀을 믿고 끝까지 가보자. 우리 삶의 모든 영역이 은혜로 충만해질 것이며,

세상에 하나님이 하시는 일을 나타내고 보여주시는 기적이 일어날 것이다.

⑧ 바리새인들은 왜 분쟁이 있었나요?

해답 예수님이 맹인의 눈을 고치신 날이 안식일이었기 때문에 바리새인들
은 예수님을 안식일을 범한 죄인이라고 생각했고, 당연히 하나님께로
부터 온 자라 할 수 없다고 주장했다.

해설 당시 랍비들이 첨언하고 가르치는 안식일에 관한 법 가운데에는 39개
의 금지조항이 있었다. 그 가운데, 눈에 안약을 넣거나, 반죽을 하는 일이 금
지되어 있었다. 이것을 근거로 바리새인들은 예수님이 맹인의 눈을 뜨게 하
기 위해 진흙을 침으로 반죽한 것과 그것을 눈에 바른 행위가 모두 안식일을
어긴 것이라고 주장했다. 하나님의 법을 어겼으니 당연히 하나님께로부터
보냄을 받은 자로 인정할 수 없고 예수님은 죄인이라는 것이다. 바리새인들
은 형식만 붙들고, 그 안에 내용과 본질은 보지 못한 것이다. 우리도 신앙의
본질 회복과는 전혀 관계없는 것들을 가지고 논쟁하며 다투고 있지는 않는
가? 복음의 가치보다 교리적 논쟁을 중시하는 목회자들, 십자가의 길보다
영광의 길을 추구하는 그리스도인들, 예수보다 세상에 더 친밀하게 다가가
는 교회들이 늘어가도 더 이상 문제가 되지 않는 우리의 현실에 적응하며 아
무렇지 않게 살아가고 있지는 않는가? '분쟁'이라는 단어 '스키스마σχίσμα'는
'터진 자리', '찢어진 곳'이라는 뜻을 가지고 있다. 그래서 '분열'과 '불화'의 의
미를 내포한다. 우리 안에 분열과 불화가 일어나는 데도, 복음보다 다른 것
들을 더 주목한다. 보수·진보의 정치적인 대립이 교회 안에서도 극렬한 분

열을 일으킨다. 더 이상 예수님이 교회 안에서 설 자리가 없도록 만들어가는 것이다.

⑨ 당시에 예수님을 그리스도로 시인하는 자는 어떤 불이익을 당했나요?

해답 유대교에서 출교를 당했다.

해설 요한복음 12장 42절과 16장 2절에서도 요한은 '출교'에 대하여 이야기하고 있다. 출교는 곧 유대인 공동체로부터 파문되는 것이다. 구약 시대에는 의식법이나 공동사회 규율을 어겼을 때 출교했고, 신약 시대에는 주로 도덕적 죄와 이단 사상을 퍼트릴 경우 파면되었다. 출교의 종류는 비공식적인 징계와 책망인 '네지파', 공식적 징계로 30일간 종교적 공동생활을 금지하는 '니두이', 무기한 출교를 시키는 '헤렘', 영구적 출교를 시키는 '샴마타'가 있었다. 출교당한 자는 한센병에 걸린 사람처럼 2미터 이내에 접근을 금지했고 공중 모임 참석 불가, 죽었을 때 애곡 금지, 회당에서 채찍질 형벌 등을 받기도 했다.

⑩ 맹인이 예수님을 믿게 되는 과정과 신앙고백을 알아봅시다.

해답

▸ 17절 : 예수님은 (선지자)다.

▸ 27절 : 예수님은 (바리새인)보다 더 훌륭한 선생이다.

▸ 31절 : 예수님은 (경건)하신 분이시다.

▸ 33절 : 예수님은 (하나님)께로 부터 오신 분이시다.

▶ 36절 : 나는 예수님을 (믿고자) 한다.

▶ 38절 : 내가 (예수님)을 믿나이다.

⑪ 예수님이 오신 목적은 무엇인가요?

[해답] 보지 못하는 자들은 보게 하고 보는 자들은 맹인이 되게 하려고, 심판
하러 이 세상에 오셨다.

[해설] 예수님의 말씀은 영적 맹인으로 죄와 어둠의 세력에 붙잡힌 인생을 구
원하여 생명의 빛을 주시기 위해 오셨다는 것(요 8:12)을 의미한다. 여전히 율
법의 기준으로 하나님의 은혜가 아닌, 자신들의 의를 가지고 남을 정죄하며
심판하는 바리새인들은 예수님의 마지막 말씀처럼, 죄인의 자리에 있으면서
도 의인 행세를 하려고 했다. 바리새인을 향하여 예수님은 "맹인이 맹인을 인
도하면 둘이 구덩이에 빠지리라"(마 15:14)고 말씀하신다. 오늘날도 본다고
하는 자들이 문제다. 그들은 자신이 먼저 믿었다고, 교회를 더 오래다녔다고
신앙이 더 신실한 척, 은혜의 자리로 나아가는 사람들을 비판하고, 정죄한
다. 자신이 예수님의 십자가를 가리는 영적 바리새인들이 되고 있음에도 그
들은 자신들만 본다고 착각한다. 나는 그런 영적바리새인으로 누군가를 인도
하겠다고 나서고 있지는 않은가?

8장 불가능을 가능케 한 헌신

① '그 후에'로 시작하는 본문의 앞의 사건은 어떤 것들이었나요?

해답 세례 요한의 죽음, 예수님의 열두 제자 파송, 예수님의 이름이 드러남

해설 마태복음에 나오는 오병이어 사건의 시작은 14장 13절 "예수께서 들으시고"로 시작한다. 무엇을 들었다는 것일까? 바로 앞에 나타나는 구절, 14장 1~12절에 그 내용이 나온다. 분봉왕 헤롯이 세례 요한을 참수하고 그의 제자들이 세례 요한을 장사지내고 예수님께 찾아와 아뢰었다고 마태는 기록한다. 그 이야기를 예수님이 들으시고 배를 타고 벳새다 들녘으로 가셨고, 거기서 오병이어의 기적 사건을 보여주셨다(마태는 예수님의 열두 제자 파송을 10장에 기록했다). 마가복음에는 오병이어 기적 사건 바로 앞에 세례 요한의 죽음에 관한 이야기(막 6:14~29)가 나오고 그 이야기 바로 앞에 예수님의 열두 제자 파송에 관한 이야기(막 6:7~13)가 나온다. 각지로 흩어진 예수님의 제자들이 귀신을 쫓아내고 병자들을 고치자 예수의 이름이 드러나게 되었고, 이 사실을 전해 들은 헤롯은 자신이 죽인 세례 요한이 살아났다고 두려워하게 된다. 누가복음에도 마가복음과 같은 순서로 나타난다. 예수님의 열두 제자 파송(눅 9:1~6), 세례 요한이 살아났다고 생각하는 헤롯의 당황하는 모습과 세례 요한의 참수 이야기(눅 9:7~9) 그리고 마지막 오병이어 기적 이야기(눅 9:10~17). 다시 말하면 당시 유대 민중의 지도자였던 세례 요한이 죽고, 예수님의 이름이 제자들의 파송과 선교의 자리에서 드러나기 시작하면서 예수님의 하나님 나라 운동이 본격적으로 시작될 때, 오병이어의 기적 사건이 일어났다는 것이다.

② 오병이어 사건은 어디서 일어났나요?

해답 디베랴 갈릴리 바다 건너편.

해설 "빌립은 안드레와 베드로와 한 동네 벳새다 사람이라"(요 1:44)와 "그들이 갈릴리 벳새다 사람 빌립에게 가서 청하여"(요 12:21)를 보면 빌립, 안드레, 베드로가 모두 벳새다 사람이라는 것을 알 수 있다. 그리고 누가는 예수님이 '벳새다'로 가셨다고 기록하고 있고(눅 9:10), 거기서 오병이어의 기적이 일어나게 된다. 빌립과 안드레의 고향에서 예수님께서 오병이어로 5,000명 이상의 사람들을 배불리 먹게 하는 기적을 베풀어주면서 그들의 입에서 "이는 참으로 세상에 오실 그 선지자"라는 말을 듣게 된다. 그러나 예수님은 배고픈 문제를 해결해주기 위해서 이 땅에 오신 분이 아니다. 아직 이들의 고백과 제자들이 보고 있는 기적은 죄의 문제를 해결해주시기 위해 십자가를 지실 예수님을 만나기에는 거리가 있다.

③ 왜 큰 무리가 예수께로 나아왔나요?

해답 예수님이 병자들을 고치는 표적을 보았기 때문에.

해설 예수님은 "악하고 음란한 세대가"(마 12:39) 표적을 구한다고 말씀하셨다. 다시 말하면 표적을 보고, 이를 좇아서 예수님을 따라가고자 하는 무리들은 절대로 예수님의 십자가 길을 따라갈 수 없다는 것이다. '제자도'는 표적의 내용과 횟수로 세워질 수 없다. 오늘 우리는 예수님을 믿고 따르는 그리스도인으로서 예수님을 통해서 무엇을 보고, 무엇을 기대하며 살아가고 있는가?('표적'에 대한 뜻과 의미는 3장 10번 문제의 설명을 참조)

④ 예수님이 이곳에서 하신 일들은 무엇이었는지 다른 복음서에서 찾아보시오.

해답 마태복음: 병자를 고쳐주심(마 14:14).

마가복음: 여러 가지로 가르치심(막 6:34).

누가복음: 하나님 나라의 일을 이야기하시며 병자들을 고치심(눅 9:11).

해설 오병이어의 기적 사건은 4복음서에 모두 기록된 사건이다. 그런데 요한복음에는 공관복음서에 나오는 시간에 대한 표현과 그 장소에서 예수님이 무리들에게 무엇을 하셨는가에 대해서는 기록이 없다. 공관복음에 나오는 내용을 종합해보면 예수님은 벳새다 들녘에서 하나님 나라에 대해 가르치셨고, 찾아온 무리 중 병자들을 고쳐주셨다. 당연히 많은 시간이 흘렀을 것이다. 해가 저물고 저녁이 되었다. 무리들은 피곤하고 지쳤고, 매우 배가 고팠을 것이다. 그때 오병이어의 기적이 베풀어진다. 마가복음과 누가복음의 기록을 근거로 예수님이 그곳에서 하나님 나라에 대해 가르치셨다는 것을 알 수 있다. 또한 병자들을 고치셨다는 것도 알 수 있다. 그리고 5,000명 이상의 사람들이 보리떡 다섯 개와 물고기 두 마리로 배부르게 먹는 기적이 펼쳐진 것을 알 수 있다. 말씀 선포, 병 고침, 기적. 예수님이 벳새다 들녘에서 행하신 이 세 가지 일 가운데 무리들이 집중하고 관심 두고 있는 것은 무엇일까? 예수님께 몰려오는 무리들을 피해 혼자 산으로 떠나가시는 예수님의 모습(15절)에서 우리는 그 답을 찾을 수 있다. 오늘을 살아가는 우리는 예수님을 믿으며 무엇에 관심을 두고 있는가?

⑤ 예수님의 질문에 '빌립'과 '안드레'는 어떻게 대답했으며, 그 의미는 무엇인 지 생각해보시오.

해답 빌립: 각 사람에게 돈을 조금씩 받아 200데나리온을 모아 떡을 사도 모자랄 것이다.

안드레: 한 아이가 보리떡 다섯 개와 물고기 두 마리를 가져왔는데, 이 것 가지고는 많은 사람이 먹기에는 턱없이 모자란다.

해설 예수님의 질문을 다시 생각해보자. "우리가 어디서 떡을 사서 이 사람 들을 먹이겠느냐?Where shall we buy bread for these people to eat?" 예수님은 빌립 에게 '어디서Where?'를 묻고 계신다. 그런데 빌립의 대답은 어디서가 아니라 '어 떻게'에 대한 답을 하고 있다. 벳새다는 빌립의 고향이다. 떡을 살 수 있는 떡 집은 아마 다 알고 있었을 것이다. 예수님께 '어디서'는 내가 다 알고 있으니 걱 정하지 마시고, '어떻게'를 신경 써야 되지 않겠느냐고 되묻는 답변이다. 방법 론적으로 일을 해결하려는 빌립의 생각이 나타난다. 안드레는 어떤가? 현실 적이다. 어린아이가 드린 보리떡 다섯 개와 물고기 두 마리가 있는데 이것을 가지고 이 많은 사람을 어떻게 먹일 수 있겠냐고 대답하고 있으니 현실적으 로 지금 가지고 있는 것으로는 문제 해결이 어렵다는 결론이다.

우리는 하나님 일을 할 때, 얼마나 현실적인가? 지금 가지고 있는 것만 보면 서 안 된다고 하고, 힘들다고 할 때가 얼마나 많은가? 하나님의 뜻과 말씀을 먼저 붙드는 것보다, 우리가 계획하고 연구한 방법만 붙들고 그렇게만 해야 하는 것처럼 주장할 때가 얼마나 많은가? 우리의 현실과 조건을 따져봐도, 내 머리로 생각해낸 방법들을 아무리 동원해봐도 도저히 이루어질 것 같지 않은 불가능한 일들 앞에서 우리는 어떻게 해야 할까? 빌립과 안드레처럼 "부족하리이다", "얼마나 되겠사옵나이까"만 외치고 있어야 할까? 내가 드릴 수 있는 헌신을 생각해보자. 오병이어의 작은 헌신에서부터 이 불가능이 가능으로 역사했던 사실을 기억하자.

⑥ '오병이어'의 가치와 '200데나리온'의 가치를 비교해보시오.

해답 보리떡 다섯 개와 물고기 두 마리는 당시 가난한 사람의 한 끼 식사였다. 반면 200데나리온은 노동자 한 사람의 200일의 품삯에 해당된다.

해설 빌립의 계산대로 200데나리온 어치의 떡을 사도 5,000명 이상을 먹일 수 없는 그 문제가 당시에 가난한 사람의 한 끼 식사 정도였던 오병이어가 예수님의 손에 올려짐으로 해결될 수 있었다. 산술적으로, 이성적으로 도저히 불가능한 일이 일어난 것이다. 우리가 신앙생활을 하며 경험하는 많은 일들 가운데 과학적으로, 이성적으로 설명할 수 없는 일들이 얼마나 많은가? 그 일들 이면에는 반드시 하나님의 손이 역사하고 있음을 믿자. 오늘도 기적은 현실이 될 수 있음을 믿자. '세모난 네모'라는 말은 성립이 안 되지만 '불가능한 가능성'이라는 말은 신앙의 세계에서 성립이 될 수 있다는 것을 오병이어의 기적은 우리에게 가르쳐주고 있다.

⑦ 한 아이가 드린 헌신(오병이어)의 결과는 어떻게 나타났나요?

해답 5,000명 이상의 사람들이 배부르게 먹고, 열두 바구니가 남았다.

해설 한 아이의 손에 있던 오병이어가 예수님의 손에 건네지자 5,000명 이상의 사람들이 배부르게 먹고 열두 바구니나 남았다. 그들의 필요보다 더 많이 주셨고, 풍족히 남았다. 내 손에 있는 것을 예수님의 손에 올려놓는 것이 헌신이다. 내 손에 있을 때는 여전히 오병이어밖에는 되지 못하지만, 예수님의 손에 올려졌을 때는 모자람이 없이 넘치는 은혜로 다시 돌아오게 된다. 내 손으로 오병이어가 없어서 기적을 경험하지 못하는 것이 아니고, 내 손에서 예수님의 손에 옮겨놓지 못하는 욕심이 기적을 가로막고 있는 것이다.

⑧ 예수님은 제자들에게 떡과 물고기를 나눠준 후 무엇을 하라고 말씀하셨나요?

해답 남은 조각을 거두고 버리는 것이 없게 하라고 하셨다.

해설 남은 조각을 거두고 버리는 것이 없게 하라고 하신 예수님의 말씀에 대해 우리는 하나님의 은혜는 아무리 작은 것이라도 버려지게 해서는 안 된다는 것을 배우게 된다. '조각'이라는 단어는 '클라스마κλάσμα'라는 단어가 쓰였는데 그 어원이 '깨뜨리다'의 뜻을 가진'클라오κλαώ다. 먹다 남은 부스러기와 생선 조각들이 크면 얼마나 컸겠는가? 정말 작게 부스러져 버려도 아깝지 않을 만큼의 크기들이었을 것이다. 그런데 예수님은 버려지지 않게 모으라고 하셨다. 우리는 은혜로 받은 것들 가운데, 큰 것만 집중하고 작은 것들은 하찮은 것이라고 생각할 때가 종종 있다. 아무리 작은 은혜라도 버려지게 해서는 안 된다. 제자들이 그 조각들을 거두어 열두 바구니에 채워넣었다. 바구니로 번역된 단어 '코피노스κοφίνοσ'는 대부분 유대인들이 여행할 때 휴대하는 작은 여행용 바구니를 뜻한다. 제자들 모두가 한 개씩 가지고 있었을 것이다. 그리고 '거두다'라는 단어는 헬라어로 '모으다', '쌓다'라는 뜻의 '쉬나고

συνάγω'가 쓰였다. 제자들은 예수님의 말씀대로 각자가 휴대한 여행용 바구니에 남은 조각들을 채웠을 것이다. 예수님이 조각들을 모아 바구니에 채우게 하신 것은, 주님을 따르는 모든 사람들은 주님이 주시는 은혜를 허비하거나 낭비하는 사람들이 아니라, 모으는 사람들이 되어야 함을 가르치시는 것이다. 아무리 작은 은혜도 버려지지 않게 모으고 또 모으면 가득 채워져서 큰 능력으로 나타나고 공급될 것을 제자들과 우리들에게 가르쳐주고 계신 것이다.

⑨ 오병이어의 기적을 본 사람들의 반응은 어떠했나요?

해답 1) 세상에 오실 그 선지자라고 생각하게 됨.

2) 억지로 붙들어 임금으로 삼으려고 함.

해설 "네 하나님 여호와께서 너희 가운데 네 형제 중에서 너를 위하여 나와 같은 선지자 하나를 일으키시리니 너희는 그의 말을 들을지니라"(신 18:15)와 "내가 그들의 형제 중에서 너와 같은 선지자 하나를 그들을 위하여 일으키고 내 말을 그 입에 두리니 내가 그에게 명령하는 것을 그가 무리에게 다 말하리라"(신 18:18)의 말씀을 믿었던 모든 유대인은 하나님이 모세와 같은 선지자를 보내실 것이라고 믿었다. 더 나아가서 이 말씀은 '메시야' 사상과도 연결되어 있다. 요한은 이 사람들이 예수님을 "세상에 오실 그 선지자"로 보고, 그런 의미에서 예수님을 자신들이 기다려왔던 메시야로 생각했다는 것을 말하고 있다. 요한복음 1장 21절에서 제사장들과 레위인들이 세례 요한에게 "세상에 오실 그 선지자"냐고 묻고 있고, 요한복음 7장 40절에서 성전에서 가르치던 예수님을 사람들이 "참으로 그 선지자"라고 말하는 것을 보면 당시에 유대인들이 그만큼 '메시야'를 갈망하고 기다려왔음을 알 수 있다. 그들은 예수님이 선도한 하나님 나라에 대한 가르침이나 복음이 아니라, 표적만 보고 자신들의 필요를 무한정 공급해주고 해결해줄 그런 '선지자', '메시야'로 예수님을 붙들고 있다. "거짓 그리스도들과 거짓 선지자들이 일어나 큰 표적과 기사를 보여 할 수만 있으면 택하신 자들도 미혹하리라"(마 24:24)라는 말씀에서 예수님이 마지막 때에 거짓 그리스도들과 거짓 선지자들이 표적과 기사로 택하신 자들도 미혹하게 할 것이라는 말씀을 귀담아 들으며, 표적만 보고 메시야를 고백하는 이 유대인들이 오늘 우리의 모습일 수도 있다는 경고를 되새겨야 할 것이다.

⑩ 무리들이 예수님을 다시 찾은 이유를 예수님은 무엇이라고 말씀하셨나요?

해답 떡을 먹고 배부른 것 때문에.

해설 오늘날 우리가 듣는 복음이 여기 머물러 있지 않은가? 떡을 먹고 배부르게 해주는 것만 듣기를 원하고, 아멘 하며 우리의 배를 더 불려나가게 하는 것이 신앙생활인 것처럼 살아가고 있지는 않은가? 예수님이 바로 이어서 27절에 하시는 "썩을 양식을 위하여 일하지 말고 영생하도록 있는 양식을 위하여 하라"는 말씀이 그래서 귀하다. 요한복음에서 예수님은 "나의 양식은 나를 보내신 이의 뜻을 행하며 그의 일을 온전히 이루는 이것"(요 4:34)이라고 제자들에게 말씀하셨다. 예수님의 양식이 그러하다면, 예수님을 믿고 따르는 우리의 양식도 같은 것이 아니겠는가? 우리의 삶에서 하나님의 뜻을 행하고, 하나님의 일을 온전히 이루어갈 때 우리는 그리스도의 참된 제자의 길을 걸어갈 수 있다. 오병이어의 기적 사건에서 요한이 강조하고 싶었던 것은 바로 육신의 떡을 먹고 배부른 것에만 관심 두는 인생이 되지 말고, 생명의 떡(35절)이신 예수님을 먹고 영생(51절)함을 얻어 결코 주리지 아니하고, 영원히 목마르지 아니하는(35절) 하늘 백성의 삶을 살아가라는 것이다. 이것이 오병이어의 기적을 통해 예수님이 우리에게 가르쳐주시고자 했던 하늘나라의 복음이며 비밀이다.

9장 부활에 대한 확신

① 예수님의 무덤에 간 사람들은 누구이며 왜 갔나요?

해답 예수님의 무덤에 간 사람들은 막달라 마리아와 야고보의 어머니 마리아, 살로매였고, 무덤에 있는 예수님께 향품을 바르기 위해 찾아갔다.

해설 마태복음에는 이 여인들이 막달라 마리아와 다른 마리아(마 28:1)로 기록되었고, 누가복음에는 막달라 마리아, 요안나, 야고보의 모친 마리아, 그리고 다른 여자들이라고 기록되어 있다. 이 여인들은 예수님의 시신에 향품을 바르기 위해서 지금 무덤으로 가고 있는 중이다. 예수님에 대한 마지막 헌신이지만 도대체 이 헌신이 필요한 것인가? 아무리 큰 헌신을 한다 해도, 마지막까지 헌신을 다 기울이는 신앙을 가진다 해도, 부활을 믿지 못하는 사람들의 헌신은 아무 소용이 없다. 하지만 두렵고 무서워 숨어 있던 예수님의 제자들보다는 이들이 더 돋보인다. 사실 갈릴리 사역의 출발부터 함께하며 예수님을 도왔던 이 여인들이 제자들보다 더 소개가 되지 못한 것이 아쉽기는 하다.

② 예수님의 부활은 언제 일어났나요?

해답 안식 후 첫날.

해설 초대교회는 예수님이 부활하신 날을 중요하게 여겼고, 이날에 모임을 가지기 시작했다(행 20:7, 고전 16:2, 계 1:10 참조). 주일에 모여 초대교회는 애찬Agape Meal과 성찬Eucharist, 예배와 말씀 등의 시간을 나누었다. 초대교회 신앙의 중심이 십자가와 부활에 있었기에, 주일은 또 다른 작은 부활절로 기념되었던 것이다.

③ 그들은 무덤 속에서 누구를 만났으며 어떤 메시지를 들었습니까?

해답 여인들은 무덤에서 흰 옷을 입은 한 청년(천사)을 만났고, 그에게서 "예수님은 살아나셨고 무덤에 계시지 않다. 너희보다 먼저 갈릴리로 가셨으니, 거기서 너희가 만날 수 있다고 제자들에게 가서 알려라"라는 이야기를 들었다.

해설 여인들이 무덤가에서 만난 사람(천사)을 마태복음에는 주의 천사, 누가복음에는 두 사람, 요한복음에는 두 천사라고 기록하고 있다. 사람인지 천사인지, 한 명인지 두 명인지 조금씩 차이가 있지만 공통점은 '흰 옷'을 입고 있었다는 것이다. 7절에 "전에 너희에게 말씀하신 대로"라는 말을 천사가 하고 있는데, 마가의 기록에 의하면 예수님께서 마지막 만찬을 제자들과 나누실 때 이 말씀(막 14:28)을 하신 것으로 되어 있다. 예수님은 이때 베드로가 세 번 부인할 것과 제자들이 예수님을 버릴 것도 말씀하셨다. 당시 제자들로서는 모든 절망과 걱정이 엄습하게 될 그 순간을 알 수도 이해할 수도 없었을 것이다. 부활하신 예수님이 먼저 가서 제자들과 만나기로 한 갈릴리는 절망에 한숨짓고 눈물 흘리는 제자들을 다시 일으키시는 소명과 세상 끝날까지 주님이 항상 함께하신다는 영원한 약속이 주어지는 자리였다. 제자들이 평소 먹고 살던 생업의 자리 갈릴리, 그곳은 생명을 살리는 영원한 복음의 출발지였고, 그리스도의 제자로 부름 받게 된 거룩한 자리였다. 부활하신 예수님을 만나게 되는 제자들은 그 모든 것을 다시 회복하고 복음의 최전방으로 다시 파송되는 것이다.

④ 예수님의 부활 소식을 듣기 전 제자들은 어떤 상황이었으며 소식을 들은 후의 반응은 어떠했나요?

해답 예수님의 부활 소식을 듣기 전 제자들은 슬퍼하며 울고 있었고, 예수님이 살아나셨고 마리아에게 보이셨다는 것을 듣고도 믿지 않았다.

해설 제자들은 마리아가 전해준 부활 소식뿐만이 아니라, 엠마오로 가던 제자들이 부활하신 예수님을 만났던 소식을 전해도 예수님의 부활을 믿지 않았다. 사실 마가는 예수님이 생전에 자신의 죽음과 부활에 대해 제자들에게 세 번이나 말씀(막 8:31, 9:31, 10:32~34) 하셨다고 기록하고 있다. 그럼에도 제자들은 부활의 소식을 듣고도 믿지 못하고 있는 것이다. 부활 신앙은 믿음의 영역이라는 것을 잊지 말아야 한다. 과학과 이성의 영역에서는 설명할 수도, 이해할 수도 없는 부활 신앙은 믿음으로만 나에게 내재되는 것이다. 잠자는 자들의 첫 열매가 되신 예수님을 믿는 모든 사람은 예수님처럼 생명의 부활로 일어서게 될 것이다.

"나는 부활이요 생명이니 나를 믿는 자는 죽어도 살겠고 무릇 살아서 나를 믿는 자는 영원히 죽지 아니하리니 이것을 네가 믿느냐"(요 11:25~26).

⑤ 제자들을 만나신 예수님이 하신 말씀은 무엇이었나요?

해답 제자들의 믿음 없는 것과 완악함을 꾸짖으시고, 온 천하에 다니며 만민에게 복음을 전파하라고 명령하셨다. 그리고 믿고 세례를 받는 사람은 구원을 얻을 것이며 믿지 않는 사람은 정죄를 받을 것이라고 하셨다.

해설 예수님이 제자들의 '믿음 없음'과 '완악함'에 대해 꾸짖으신 것은 예수님의 부활에 대해 듣고도 믿지 못한 것에 대한 꾸짖음이었다. 신학자 중에서도 예수님의 부활을 자기 멋대로 해석하는 사람들이 있다. 19세기의 D. F. 슈트라우스David Friedrich Strauss는 예수님의 부활을 제자들과 예수님 주변의 여인들이 예수님이 너무나 보고 싶어서 그들의 상상 가운데 나타난 것이라 했으며, 빌리 마르크센Willi Marxsen은 자연에서 나타난 객관적인 것이라보다는 제자들의 믿음에서 나온 주관적 환상이라고 말했다. 런던 대학교 신약 교수인 크리스토퍼 에반스Christopher Evans는 부활절에 실제로 무슨 일이 일어났는지 알 방도가 없기에 믿는 것이 아니라 믿도록 제시된 것이 무엇인지를 아는 것이 주된 난점이라고 했고, 리즈 대학교 신학 교수였던 데이비드 젠킨스

David Jenkins는 예수님은 무덤에서 육체로 살아난 것이 아니라, 제자들의 마음 속에서 영적으로 살아나셨다고 하며, 예수님의 몸이 부활했다는 교리를 '뼈로 하는 마술'이라고 묘사했다. 괴팅엔 대학교의 신약 교수인 게르트 뤼데만 Gerd Lüdemann은 예수님의 부활에 대한 믿음이 베드로가 환상 가운데 예수님을 본 결과 생겨나게 되었으며, 그 환상은 즉시 '전염되어' 다른 이들도 따르게 되었다고 하였다.

제자들이 예수님의 부활을 믿지 못한다면, 예수님이 위임 명령한 만민에게 복음을 전파하는 것은 불가능한 일이라는 것을 예수님의 말씀 속에서 알게 된다. 복음이 곧 십자가의 죽음이며 부활이기 때문이다.

⑥ 부활하신 예수님은 승천하셔서 우리와 어떤 관계를 맺고 계시나요?

해답 부활하신 예수님은 승천하셔서 복음 전파의 사역에 함께 역사해주셨고, 따르는 표적으로 주님의 말씀을 증거하셨다.

해설 마가는 마가복음 16장 19~20절에서 예수님의 승천을 말한 후에 "제자들이 복음을 전파하러 나갔을 때 주께서 함께 역사하사 그 따르는 표적으로 말씀을 확실히 증거하셨다"고 전한다. 부활하셔서 승천하신 예수님은 복음이 전파되는 곳에, 복음을 전파하는 사람들과 지금도 함께 일하고 계신다. 바울은 "다시 살아나신 이는 그리스도 예수시니 그는 하나님 우편에 계신 자요 우리를 위하여 간구하시는 자시니라"(롬 8:34)라고 기록하며 부활하신 예수님이 지금 하나님 우편에서 우리를 위해 간구하고 계신다고 하였으며, 히브리서 기자는 "하나님께 나아가는 자들을 구원하시기 위하여 항상 간구하고 계신다"(히 7:25)고 기록했다. 부활하시고 승천하신 주님은 육체적으로는 더 이상 이 땅에서 주님을 따르는 사람들과 함께하지는 않지만, 복음을 전하고 생명을 구하는 우리들의 모든 삶과 사역의 자리에 함께하시며 때로는 기적과 표적으로 말씀을 확증시켜주신다는 것을 알 수 있다. 제자들이 부활을 믿지 못하고 모든 문을 닫고 숨어 있던 그 절망의 자리에서 부활하신 예수님을 만나고 세상으로 나아가 복음을 전파하며 그리스도의 증인이 되었을 때, 주님이 함께 일하심과 역사하심을 보게 되었던 것처럼 복음을 전파하는 이 시대의 교회와 그리스도인들에게도 부활하신 예수님이 함께하신다는 것을 믿고 땅끝까지 나아가자.

⑦ 예수님의 부활이 우리에게 주는 의미는 무엇인가요?

해답 예수님의 부활이 없다면 복음을 전파하는 것도 헛것이요 믿음도 헛것이 된다. 더불어 우리는 하나님의 거짓 증인이 되는 것이다.

해설 바울은 부활이 없다면 우리의 믿음도, 전파도 헛것이 되며, 여전히 죄 가운데 있을 것(고전 15:17)이라고 말한다. 또한 그리스도의 부활이 없다면 우리는 모든 사람 가운데 더욱 불쌍한 자(고전 15:19)라고 부활의 의미를 말한다. 부활은 그런 의미에서 기독교 신앙의 핵심이며 완성이 된다. 이는 부활이 예수님의 십자가의 죽음이 죽음으로 끝나지 않고 되살아나 하나님의 구원을 완성시키는 의미를 가지기 때문이며, 부활하신 예수님이 다시 이 세상에 오신다는 재림 신앙으로 세상의 마지막까지 믿음의 자리를 연결시켜주기 때문이다. 그래서 바울이 "그리하여 우리가 항상 주와 함께 있으리라"(살전 4:17)

라고 말하는 것처럼 임마누엘의 진정한 삶이 이루어지며 영원한 기쁨을 소유

하게 될 것이다.

⑧ 부활은 누구에게 임하며 언제 일어나나요?

해답 누구에게: 부활은 모든 사람에게 임하며, 각각 자기 차례대로 이루어

진다(고전 15:22~24).

언제: 마지막 나팔소리가 날 때(예수님이 다시 오실 때)(고전 15:51~52).

해설 성경은 생명의 부활과 심판의 부활, 의인과 악인의 부활이 있다는 것을

알려준다. 그러므로 부활은 예수님이 이 땅에 다시 오실 때 영생을 얻고 심판

에 이르지 아니할 사람과 심판에 이를 사람을 구분해주는 최후 심판의 자리

와 연결된다. 그렇다고 부활을 미래에만 가두고 살펴보는 교리가 되게 해서

는 안 된다. 부활은 지금 현재 우리에게 영향을 주고 능력을 경험하게 하며 소

망을 간직하며 살게 하는 신앙이 되어야 한다.

⑨ 부활 후 우리는 어떤 형체를 가지게 될까요?

해답 부활 후 우리는 썩지 않는 것으로, 영광스러운 것으로, 강한 것으로, 신

령한 몸으로 살아나고, 하늘에 속한 이의 형상을 입게 된다.

해설 부활한 후의 우리는 물리적 부패의 영향을 받지 않을 것이며, 하나님의

영광을 드러내게 될 것이며, 육신적인 연약함의 한계를 벗어나게 될 것이다.

부활한 우리는 하나님의 영에 의해 재창조된 신령한(프뉴마티콘πνευματικόν)

몸을 얻게 될 것이다. 이 몸을 가장 가깝게 유추할 수 있는 것은 예수님이 마

태복음 22장 30절에서 말씀하신 천사들이다. 중요한 것은 우리가 하나님 나라를 이어받을 수 없는 지금의 육신의 몸 그대로가 아닌 썩지 않는 하늘의 것을 유업으로 받을 수 있는 몸(50절)으로 "순식간에 홀연히 다 변화"될 것이라는 사실이다. 여기에서 사용된 '변화하다'는 동사는 '알랏소αλλάσσω'로 '바꾸다' '교환하다'는 뜻이다. 완전히 다르게 바뀌고, 교환되는 것이 우리의 부활이다. 그렇다고 부활을 영혼 불멸의 헬라 사상과 같이 취급해서는 안 된다. 부활은 우리의 모든 것이 하나님의 새로운 창조 행위에 의해 되살아나는 것이다. 과학자들은 우리 몸이 7년을 주기로 모든 몸을 이루는 분자 구성이 완전히 변화된다고 한다. 그렇다고 7년 전의 내가 지금의 내가 아니라고 할 수 있는가? 부활도 마찬가지다. 이 땅에서 부활의 소망과 예수 그리스도에 대한 믿음을 가지고 살았던 내가 부활 후에 완전히 변화된다고 해서 이 땅에서 살던 나와 전혀 관계가 없는 것은 아니다. 부활은 지금의 나와 연속성을 갖는다. 지금 내 믿음이, 내 신앙이 앞으로 있을 부활과 나를 연결시켜줄 것이기 때문이다.